1. Marienplatz
2. Turm des Alten Rathauses
3. Hofbräuhaus
4. Löwennasen
5. Kaiserhof der Residenz
6. Diana-Tempel
7. Ludwigskirche
8. Liebfrauendom Theatinerkirche
9. Schöne Turm
10. Isartor
11. Pfarrkirche St. Anna
12. Friedensengel
13. Künstlerhaus
14. Königsplatz
15. Nornenbrunnen
16. Alte Pinakothek
17. Hubertusbrunnen
18. U-Bahn Westfriedhof
19. Pan im Nymphenburger Schlosspark
20. Bavaria
21. St. Pauls-Kirche
22. Elefantenhaus in Hellabrunn
23. Pasinger Dorffriedhof

W0291138

Fritz Fenzl

Das magische München

Fritz Fenzl

Das magische München

Geheime Kraftplätze
in der Stadt

nymphenburger

Mehr Informationen zu Fritz Fenzl unter
www.magische-kraftorte.de
und zum Verlag unter www.nymphenburger-verlag.de

Schutzumschlag: Wolfgang Heinzel
Schutzumschlagmotiv: muenchenfoto, Heinz Gebhardt
Übersichtskarte: Theiss Heidolph, Kottgeisering
Satz: C. Schaber Datentechnik, Wels
Gesetzt aus 10,8/14,8 Punkt Sabon
Druck und Binden: GGP Media GmbH, Pößneck
Printed in Germany
ISBN 978-3-485-01107-5

Will das Glück nach seinem Sinn
dir was Gutes schenken,
sage dank und nimm es hin
ohne viel Bedenken.
Jede Gabe sei begrüßt,
doch vor allen Dingen
das, worum du dich bemühst,
möge dir gelingen.

Wilhelm Busch

Inhalt

Nichts ist so, wie es scheint

Die offizielle Stadtgründung Münchens, so ist überall nachzulesen, geht auf das Jahr 1158 zurück. Doch schon an diesem Datum kann man feststellen, dass nichts so ist, wie es scheint. Bei Grabungen in St. Peter, der ältesten Pfarrkirche Münchens, wurde ein romanisches Gewölbe freigelegt, das mindestens hundert Jahre vor der Stadtgründung Münchens gestanden haben muss. Die offizielle Stadtgründung bezieht sich also nur auf die erste urkundliche Erwähnung Münchens im Augsburger Schiedsspruch.
Die Besiedlung des Gebietes ist wesentlich älter und reicht mindestens bis in die Jungsteinzeit (4500 bis etwa 1800 vor Christus) zurück. Im Isartal, so lässt sich an zahllosen Hügelgräbern und Keltenschanzen ablesen, wurde die Besiedlung seit der Bronzezeit immer dichter. Und wer schon einmal das Grab der Seherin in Leutstetten oder die energiegeladene Keltenschanze bei Bu-

chendorf besucht hat, der weiß, dass die Energie der alten keltischen Kraftplätze noch heute wahrnehmbar ist.
Solche starken Orte finden sich auch mitten in der Stadt. Wer also am »offiziellen Gründungsdatum« nicht festhält, der kann anhand vieler Beispiele dieses Buches sehen, dass der Zeitrahmen der für München relevanten magischen Aspekte ungefähr von 1500 bis 500 vor Christus reicht.
Am Anfang der Münchner Stadtgeschichte steht eine berühmt gewordene und bilderstarke Demonstration der Macht. Der Welfe Heinrich der Löwe (Löwen werden uns noch sehr beschäftigen) zerstörte unmittelbar nach der Übernahme des Herzogtums Bayern das bischöflich-freisingische »Veringen«. Und die dazugehörige Isarbrücke gleich dazu. Machtkontrolle! Er erhielt von Kaiser Friedrich I. Barbarossa das Recht, Zollbrücke, Markt und Münze an einem neuen Ort »bei den Mönchen« zu nutzen. So hat Heinrich auf den isaraufwärts verlegten Markt und damit den Geldfluss seine Löwenpranke gelegt – ein Vorgang, der keinesfalls einmalig sein wird bei allem, was mit München zusammenhängt.
Wo Löwen auftauchen, geht es meist immer um Macht. Auch im Verborgenen. Unter diesem Ge-

sichtspunkt scheinen die bunten Genossen, die sich epidemisch über die ganze Stadt ausgebreitet haben, plötzlich auch in einem ganz neuen Licht. Der Löwe ist Sinnbild der »Großkopferten« – und damit der Macht. An der Mariensäule (siehe Kapitel 1) steht der Löwe als Sinnbild des Krieges.
Testen Sie selbst seine machtvolle Kraft. Gehen Sie auf den Odeonsplatz, schreiten die Stufen der Feldherrnhalle empor und stellen Sie sich zwischen die beiden Löwen ... und dann gehen Sie hinab und reiben nahe dem Feldherrnkeller an der glänzenden Messingschnauze der magischen Löwen (siehe Kapitel 4). Ich wage zu behaupten, dass Ihr gewohnter Eindruck der barocken Gemütlichkeit nach einer solch bewussten Begehung ein anderer geworden ist und dass sich Ihre Wahrnehmung verändert hat.
So ist es mit vielem, was bisher vertraut erschien. Nach dem magischen Rundgang, nach einem Kraftorte, Schlangenlinien und Drachenpfade mit einbeziehenden Stadt-Erlebnis bleibt nichts so, wie Sie es gelernt haben oder anderswo nachlesen können. Die Fakten bekommen Farbe. Diese neue Sichtweise verrückt die Dinge. Sie sehen hinter Fakten das Verborgene, das Okkulte also. Und München ist okkult, immer schon. Nicht erst seit Ludwig II. und Richard Wagner.

Ein großer Teil der von könnenden, wissenden Menschen und Baumeistern geschaffenen Welt ist okkult im eigentlichen Sinne. »Münchens Kultur gedieh aus einem Wurzelgeflecht höfischer, kirchlicher und bürgerlicher Kräfte, städtischer und ländlicher, stammgebundener und freier Regungen, deutscher Eigenarten und fremder Einflüsse aus den entscheidenden Kulturgebieten Europas ...«, stellt der Klassiker Norbert Lieb bereits 1952 in »München. Lebensbild einer Stadtkultur« fest. Wer bewusst liest, entdeckt vielleicht auch schon hier das Verborgene hinter den Fakten. Heute würde man statt »Wurzelgeflecht« vielleicht »Netzwerk« sagen. Alles war und ist vernetzt.
Spannende Erkenntnisse warten auf Sie, wenn Sie sich angewöhnen, offen für mehr zu sein. Gewöhnen Sie sich ab sofort an, neue Sichtweisen hinter allem Sichtbaren zuzulassen – vor allem vor Ihrem inneren Auge. Entwickeln Sie einen Sinn für die versteckten Kräfte auf Plätzen, auf Straßen, in Gebäuden. Für verborgene Mächte, die nur schwer wissenschaftlich zu beweisen sind, die jedoch wirken und erfahrbar werden. Und was wirkt, ist Wirklichkeit.
Ein bekanntes Beispiel ist das alte Wissen um Kraftlinien und ihre Wirkung, beispielsweise die Drachenlinie von den Kaskaden des Nymphen-

burger Schlosses, über den Rotkreuzplatz, weiter die Nymphenburger und Briennerstraße; bis zum Königsplatz, mitten durch den Tempel der Propyläen hindurch, dann zum Obelisk, schließlich zur Residenz ... Entwickeln Sie als Entdecker des magischen München ein Gefühl für solche Kraftlinien und deren magische Kraft. Alle Prachtstraßen, wie etwa die Ludwigstraße, »leben« davon.

Überwinden Sie die fade schulische Betrachtungsweise, was wann wo wie geschah. Das Warum und Wodurch ist da schon wesentlich entscheidender. Unser Bildungswesen scheint mir manchmal *bewusst* so angelegt, dass der Blick auf das Wesentliche, vor allem auf die eigene Identität, verstellt, verbaut, verborgen wird. Auf skurril paradoxe Weise ist dieses Bildungswesen, vor allem was die Geschichtsbetrachtung betrifft, reiner Okkultismus: Es wird etwas verborgen.

Da gäbe es noch sehr viel zu sagen (oder lieber zu verschweigen) über die Rolle Münchens für Schwarzmagier. Hier wurde z. B. um die Jahreswende 1917/1918 die Thule-Gesellschaft im Hotel Vier Jahreszeiten gegründet. Einer der Gründungsmitglieder und spirituellen Köpfe dieser rassistischen okkulten Geheimgesellschaft mit logenähnlicher Struktur war Professor Karl Haushofer, der das Wort »Geo-Politik« (also Politik der

Drachen- und Erdkraft) nicht nur erfand, sondern als politisches Ziel dort einpflanzte, wo die Wirkung am verheerendsten war. Haushofer liegt übrigens in einem magischen Freigrab auf altem Keltenhügel im Wald bei Pähl. Die Namen der anderen Mitglieder der ersten Stunde von »Thule« lesen sich wie ein »Who is who führender Köpfe und früher Anhänger des Nationalsozialismus in München« (Ian Kershaw, Hitler 1889–1936, Stuttgart 1998). Wichtig und festzuhalten bleibt, dass die Gründung dieser weltumspannenden Geheimgesellschaft nur (!) in München ihren Anfang haben konnte und in der »Hauptstadt der Bewegung« die Verbindung von einem magischen Punkt zum anderen gezielt ausgenutzt wurde (siehe Flussachse Nymphenburg, Königsplatz).

Wenn Sie sich für das magische München interessieren, besuchen Sie nicht nur alte Kraftorte, sondern bewegen sich auch auf alten Energielinien, ganz bewusst, heißt: mit Bewusst-Sein!

Und wer mit dieser geomagischen Bewegung umgehen kann, der bewegt andere.

Als Freund von Sagen und Mären bin ich vor mehr als zwanzig Jahren, als ich als Leiter der Monacensia für einen Sammelband alte Münchner Stadtsagen durchforschte, auf die bilderstarke Sage von der »Kette um München herum« gestoßen. Diese durchaus angsterregende Geschichte ist heute in Vergessenheit geraten, die Generation unserer Großeltern bekam sie allerdings noch zu hören: »Nach München willst du hinein? – Da musst du erst die schwere Kette durchbeißen, die um die Landeshauptstadt herumgelegt ist!« Und nun sehen Sie die Sage mit anderen Augen: Wie entsteht der Archetypus einer Kette um die Stadt, was bedeutet »sich durchbeißen«?

Doch folgen Sie mir nun – auf den Marienplatz, über »Sieben Hügel«, folgen Sie mir zur Bavaria, zu glänzenden Löwennasen, sakralen Weihehallen und gar zum goldenen Vlies; über Prachtstraßen, verborgene Winkel, entdecken Sie Sonnenräder im Hofbräuhaus, erfühlen Sie eine Halle der Anders- und Zwischenwelt, sehen Sie neu: Brunnen, Plätze und (unausgesprochen) den Sitz geheimer Gesellschaften, die ein Land erzittern ließen und lassen ... und Sie werden sich bald fragen, mit welchen Augen Sie Ihre vertraute Heimat bisher gesehen haben.

Folgen Sie mir durch das magische München.

1
Im Banne des Drachen

Der Marienplatz

Wer sich mit magischen Orten und der Entschlüsselung versteckter Botschaften beschäftigt, wird immer wieder feststellen, dass das Unsichtbare, das Verborgene genau dort ist, wo jedermanns Blick hinzielt. Baumeister aller Zeiten hatten eine wahre Freude daran, das größte Geheimnis im Zentrum des allgemein Sichtbaren anzubringen.

Wer also die Augen aufmacht und auch das innere Sehen zum äußeren Hinschauen dazunimmt, der denkt gar manches Mal verwundert: Das darf doch nicht wahr sein – weil dann alles so offensichtlich erscheint.

Ähnlich ergeht es Ihnen vielleicht mit dem Marienplatz.

Denn mitten in München, genau vor dem Rathaus, befindet sich ein energetisch hochbrisantes Dreieck aus drei Drachenlinien, das noch dazu von Drachen oder zugehörigen Symbolen sichtbar markiert wird. Der Drache steht dabei nicht nur, wie oberflächlich vermutet, für das Böse oder für Pest und Verderben, sondern vor allem für die unbändige Erd- und damit Lebenskraft.

Beginnen wir am Wurmeck. Es verdient seinen Namen ganz zu Recht, denn am südwestlichen Eck des Rathauses, also zur Weinstraße hin, kriecht ein mächtiger Drache hoch, ein imposantes Sagentier mit gut drei Metern Flügelspannweite. Das Vieh hat eine unglaubliche Dynamik, es wirkt so, als sei es soeben erst mit donnerndem Flügelschlage hier an der Wand des städtischen Renommiergebäudes gelandet. Der kräftig sich windende Drachenkörper beschreibt ein umgedrehtes »S«. Und wer genau hinschaut, der sieht, dass der Drachenkopf und die Angriffsrichtung sich energisch nach links wenden.

Und genau diese Energieform herrscht hier an einem der stärksten Kraftorte der Stadt: stark linksdrehende Energie. Es kreuzen sich mehrere Linien und eine davon zieht sich nördlich bis zum Odeonsplatz hin und trifft dort die Theatinerkirche.

Stellen Sie sich doch einmal ans Wurmeck, finden Sie Ihren Platz und entdecken Sie München neu – energetisch. Und Sie stellen fest: Die Drachenenergie ist alles andere als negativ, ganz im Gegenteil:

starke Lebensenergie, die unbewusst zumeist als wohliges München-Feeling gedeutet wird.
Die Sage um den Wurm ist unheimlich und voller List: Offiziell wird der Drache in München zumeist mit der Pest und deren tödlichem Odem in Beziehung gebracht. So soll der Drache sich im Mittelalter tatsächlich hier am Wurmeck niedergelassen haben! Nur dem Mut und dem Können eines beherzten Kanoniers ist's zu verdanken, dass der Drache nach einem Meisterschuss ums Leben kam – und die Bevölkerung überlebte. Und so wird der Platz des Drachen zum Überlebensplatz. Sie können es spüren.
Nun schreiten Sie bewusst hin zur Mariensäule und betrachten die vier erzenen Putti, wie sie wütend und entschlossen mit Schwertern oder dem Speer auf gefährliche mythologische Tiere dreinschlagen. Und an der südwestlichen Ecke wieder der Drache.
Verweilen Sie hier. Lassen Sie den Platz wirken. Seien Sie aufmerksam, wie Sie sich fühlen, was geschieht. Sehen Sie wirklich hin.
Trotz der zahlreichen Stadtbummler, Touristen, Faulenzer und Business-People, die rund um die Uhr den Marienplatz bevölkern, formieren sich hier die zahlenmäßig größten Menschengruppen. Warum nur?

Die vier furchteinflößenden Wesen an den Ecken der Mariensäule-Balustrade symbolisieren Hunger (Drache), Krieg (Löwe), Pest (Basilisk) und Ketzerei (Schlange). Diagonal zum Drachen finden Sie den Basilisken. Auch dieser ist ein Drache, eine Art Drachen-Wolpertinger, ein bizarres Mehrfachvieh mit einem wutentbrannten Hahnenkopf und dem horngeschuppten Drachenkörper.
Die Bedeutung des Basilisken geht aus der Spiegelbrunnen-Sage hervor: Die Münchner kamen täglich zum Wasserschöpfen, doch unten am Wasserspiegel hauste der Basilisk und sah im Brunnenschacht nach oben. Da er den berühmten »bösen Blick« hatte, fiel ein jeder, der ihn ansah, tot um. Was tun? Der Stadtrat wusste Rat und ließ einen Spiegel über den Brunnen halten. Der Rest lässt sich denken – der Basilisk war tot.
Die Linie vom Drachen der Mariensäule zum Basilisken weist geradewegs zum Fischbrunnen. Erkennen Sie den Zusammenhang? Der allzeit kühlende Stadtbrunnen ist heute nicht mehr vom Basilisken gefährdet, doch die Energie ist wahrnehmbar. Sie stehen mitten auf der Drachenlinie! Vom Wurmeck, zur Mariensäule und von dort zum Fischbrunnen bewegen Sie sich auf einem magischen Dreieck.
Sehen Sie am linken Eck des Rathauses hoch:

Georg sticht – wen? Den Drachen. Geo, die Erdkraft. Der heilige Georg ist im Übrigen wie die meisten anderen waffenschwingenden »Heiligen« eine geschickte Vereinnahmung der alten keltischen Wotansgottheit. Hochherrlich, heilig, drachenvernichtend – und natürlich immer für die gute Sache unterwegs.
Und die Madonna ist Leben pur und Weiblichkeit in eleganter Vollendung: liebevolle Verschlüsselung der gewaltigen Urkraft Erde. Kurfürst Maximilian I. hatte die Mariensäule errichten lassen, weil München beim Einfall der Schweden während des Dreißigjährigen Krieges verschont geblieben war. Sie ist bis heute ein Symbol des Schutzes geblieben.
Vom Fischbrunnen spürt man diese Kraft ausgehen: Maria, die Urmutter, an der einen Ecke, der Drache des Wurmecks, Symbol der Urmacht, der Erdenergie, an der anderen. Das magische Dreieck des Marienplatzes hat es in sich: ein Platz der Urenergie! Mitten in der Stadt kann man auf Drachenpfaden Energie tanken. Da lohnt sich das Verweilen allemal.

2
Energie im Windfang

Der Turm des alten Rathauses

Haben Sie nicht auch oft das Gefühl, wenn Sie am östlichen Rand des Marienplatzes stehen, bis zum Viktualienmarkt weitergehen zu müssen? Und dies letztlich ohne zwingenden Grund? Woher rührt das?
Es ist spannend, sich zu der Stelle zu begeben und sich auf diese Energien einzulassen. Stellen Sie sich vor das Alte Rathaus.
Der 56 Meter hohe Turm hat eine bewegte und lange Geschichte. Die finden Sie in allen München-Führern. Nur so viel: Das Alte Rathaus wurde 1310 erstmals urkundlich erwähnt. Ab 1470 wurde dem Rathaus von Meister Jörg von Halsbach sein spätgotisches Gepräge verliehen. (Das neue Rathaus wurde zwischen 1867 und 1908 erbaut.)
Den gotischen Saalbau in seiner heute wiedererrichteten Form kennen Sie vielleicht von städtischen Empfängen und die Moriskentänzer des

Bildhauers Erasmus Grasser haben Sie unter Umständen schon im Stadtmuseum bewundert. Der kraftvoll dynamische, lebensstrotzende Drehtanz bei Sonnwendfeiern inspirierte dann den Meister zu den maurischen Tanzfiguren.
Uns interessiert der Ratsturm, der damals aus einem ausgedienten Stadtturm entstanden sein soll. Nach vielem Hin und Her der Jahrhunderte und schließlich der Zerstörung im Zweiten Weltkrieg wurde dieser Ratsturm mit dem energetisch so wichtigen Durchgangs- und Durchzugstor von 1971 bis 1974 wieder aufgebaut.
Das städtebauliche Genie Erwin Schleich, ein überaus kluger Mann, zeichnete für diese Neu-Erstehung des Rathausturmes nach dem angeblichen Original des Jahres 1462 verantwortlich.
Wenn Sie vor dem Alten Rathausturm stehen, schreiten Sie auf den Durchgang zu, blicken Sie hoch. Ein kunstvolles und mit künstlerischer Absicht kompliziert mechanisch arbeitendes Windspiel nährt sich vom ... Wind!
Durchzug. Durchfließende Energie also.
Dies ist eines der schönsten Beispiele Münchens, wie Energie und Kraftfluss sicht- und hörbar gemacht werden können – auf spielerische, humorvolle Weise. Sehen Sie eine Weile zu. Hier lässt sich wirklich der Wind fangen und zum Schep-

pern bringen. Die verschraubte Drehmechanik des Spielwerkes ist dergestalt, dass dann von Zeit zu Zeit ein Becken rasselnd niedergeht.
Und indem Sie hier stehen und beobachten, stehen Sie mitten auf einer Energielinie und die meint es gut mit Ihnen.
Unmittelbar nach dem Durchgang durch dieses energetische Stadtturm-Tor finden Sie Julia, eine der literarischen Urgestalten für wahre Liebe, Sehnsucht und Treue. Diese junge Veroneser Dame aus Bronze ist ein Geschenk der Patenstadt jenseits der Alpen. Liebende werden wie magisch angezogen und legen rund um die Uhr Blumen nieder. Das Durchschreiten des Tores ist wie eine Initiation, um auf diesen sehr weiblichen Platz zu gelangen. Hier könnte genauso gut eine Madonna oder Diana stehen.
Alles Materielle, wie hier der Durchzugswind und dessen humorvolle Umsetzung in ein kindlich-liebenswertes Klangwerk ganz in der Nähe des Teddybären-Museums, erinnern daran, dass der letzte, innere Grund stets geistig ist.
So wie hier. Es entsteht eine Sogwirkung der Luft durch die baulichen Gegebenheiten des Marienplatzes. Der wiederum wurde gedacht, schon vor Jahrhunderten, immer wieder neu gedacht, umgedacht, geplant. Warum aber ist hier im Osten,

beim Durchzug des Turmes des Alten Rathauses hinein ins Tal, die Erdenergie so belebend und fordernd?
Weil die Erdkraft, die Energie vom Marienplatz zum Isartor durch das Tor des Alten Rathauses weiterfließen will. Das Leben sucht sich seinen Weg und die fließende Energie wird durch das Windspiel hörbar.
Schreiten Sie bewusst mehrmals durch den Durchgang. Setzen Sie Ihre Füße langsam und mit Bewusstsein auf die Drachenlinie und seien Sie wachsam, was mit Ihnen geschieht. Dieser Durchgang als Initiationsweg ist ein Ort der Transformation. Lassen Sie Belastendes hinter sich und werden Sie mit jedem Schritt neu.

3

Swastikazeichen und Templersymbol

Das Hofbräuhaus

In der weltberühmten »Schwemme«, dem riesengroßen Trinksaal, in den Sie, vom Platzl her kommend, wie magisch hineingezogen werden, lohnt sich nicht nur der Blick in den Maßkrug, sondern auch der Blick nach oben: neun große kreiselnde Sonnenräder, so genannte Swastiken. Ein Journalist hatte mich auf die Deckengemälde hingewiesen. Für Keltenfreunde, Esoteriker oder sonstige Exzentriker ein Leckerbissen.

Beim Besuch von Kirchen, vor allem bei Kirchen aus der Zeit des Barock oder Rokoko, ist das interessierte Aufblicken zur künstlerisch ausgestalteten Decke, zum freskenbunten »Himmel Bayerns« eine Selbstverständlichkeit.

Im Hofbräuhaus schauen erstaunlicherweise alle nach unten oder geradeaus. Gehen Sie hin und beobachten Sie selbst.

Die Schwemme, durchaus nicht ungemütlich, mit einer eigenartigen Atmosphäre des Dableibens,

wird von vier mächtigen Stützpfeilern getragen. Das flache Kreuztonnengewölbe bringt damit neun solcher Rippenbögen hervor. Und überall da, wo sich die Rippenbögen mittig kreuzen, finden Sie, zentral und linksdrehend je ein riesiges Sonnenrad. Nicht zu glauben. Und keinem fällt's auf, denn die gleichschenkeligen Kreuze mit den gut zwei Metern Durchmesser – wobei die Haken an jedem Kreuzende die imaginäre Drehrichtung verursachen –, sie sind mit kleinen weißblauen Rauten ausgemalt.
Das Swastika-Zeichen ist ein uraltes Symbol der Kraft, das man überall in Asien und auf der ganzen Welt findet. Seine Geschichte als »Hakenkreuz« ist bekannt. Deshalb ist es umso erstaunlicher, dass es in München genau dort angebracht ist, wo wir Touristen aus aller Welt empfangen.
Es sieht eben wirklich keiner nach oben. Jedermann schaut stoisch in seinen Bierkrug oder fordernd nach der Bedienung.
Dennoch, jeder Magier weiß: Ein mit klar vorbestimmten Denkmustern geladenes Symbol tut seine Arbeit und beeinflusst auch dann, wenn sich keiner der Wirkung bewusst ist. Vielleicht wäre es also ratsam, sich genau anzuschauen, wo man sich denn da hinsetzt.

Machtvolle Kräfte wirken hier im Hofbräuhaus und in der unmittelbaren Umgebung. Vielleicht ist Ihnen draußen, auf dem viel betretenen Pflaster des Platzls, schon die eigenartig komprimierte Atmosphäre aufgefallen? Zwischen Orlando-Haus und dem Bauwerk, das die ehemalige Platzl-Bühne beheimatete, dazu das im historisierenden Neorenaissance-Stil gestaltete Hofbräuhaus selbst – da spüren Sie etwas! Ein Kribbeln, eine unbenennbare Erwartungshaltung, eine Sehnsucht, deren Wurzel Sie nicht bestimmen können. Und immer denken Sie, schon einmal hier gewesen zu sein.

Diese durch den Ort selbst bedingte Unruhe hat so ganz und gar nichts mit dem zu tun, was weltweit als bayerische Gemütlichkeit verkauft wird.

Es ist die Magie des Platzes selbst, eines magischen Ortes, der stellenweise mit belastenden, stark linksdrehenden Kräften auf den Besucher einwirkt. Kein Wunder. Denn in unmittelbarer Nähe, vor der Ledererstraße und der »Scholastika« (das ist ein akademischer Gesang- und Trinkverein), kreuzen sich zwei Stadtbäche, der Pfisterbach und der alte Münzbach, der dann auch zur benachbarten Alten Münze führt.

Wenn Sie das Hofbräuhaus energetisch richtig auskosten wollen, sollten Sie die nähere Umgebung erwandern. Zunächst Sparkassenstraße, vom Beginn des Tals her zur Scholastika führend, mit einer wahrlich miserablen Energie, die sich in dem dunkel metallenen Münchner Kindl am Sparkassengebäude entlädt.

Dann der Alte Hof, ähnlich stark und komprimiert wie das Platzl selbst; schließlich die Alte Münze ... und zahlreiche Nebenstraßen dieses wundersamen Viertels von Altmünchen.

Vielleicht gehen Sie zur Stärkung wieder in die Schwemme des Hofbräuhauses und staunen noch einmal über die Sonnenräder. Nehmen Sie ruhig Platz. Die Verköstigung ist prima und Chinesen im Trachtenhut als Staffage hat man auch nicht alle Tage. Manchmal schmunzle ich bei dem Gedanken: Der liebe Gott hat alle Menschen als Bayern gewollt. Wie wären sonst Chinesen mit Trachtenhut vorstellbar?

1589 hatte der bayerische Herzog Wilhelm V. den Bau des Hofbräuhauses in Auftrag gegeben, zunächst war nur der Gedanke an die Brauerei wichtig gewesen. 1828 verfügte Ludwig I. die Gastung. Von Heilmann und Littmann wurde kurz vor dem magischen Jahr 1900 der heutige Bau erstellt, die Schwemme ist seit 1897 in Betrieb.

Zu dem energetischen Mischmasch hier am Trinkort gehört also auch eine Prise Fin de Siècle, da-

mit ein Hauch Jugendstil, der hie und da noch durch die Biertischritzen lacht.
Und alles dreht links. Betreten Sie neben dem breiten mehrtorigen Haupteingang links (!) den Eingang zum Festsaal. Die breite Treppe dreht links und an der wuchtig-erdigen Mittelsäule finden Sie, überraschend ausladend, das Freimaurerzeichen: Zirkel und Winkelmaß in gewohnter Weise ineinandergestellt. Betrachten Sie das Zeichen ausführlich, vergleichen Sie es mit Symbolen, die Sie kennen, und schauen Sie sich dann das unmittelbar darüber gemeißelte HB-Logo an, bei dem der rechte Längsbalken des H mit dem linken Längsbalken des B einigend verbunden ist. Vor allem bei der alten Schreibweise mit den Dreiecksenden an den Buchstaben drängt sich der Vergleich mit Templerzeichen auf.
Alles ist hier deutlich sichtbar – und damit den Blicken entzogen.
Nach all diesen Entdeckungen lohnt sich der Gang ins Freie in den herrlichen Biergarten.
Zunächst überrascht die wunderbare Biergarten-Stimmung, die vor allem an Sommertagen den Besucher empfängt. Die Atmosphäre ist sehr erdend, sehr beruhigend. Gehen Sie zu dem Löwenbrunnen in der Mitte. Sehen Sie die linksdrehende Steinsäule? Zufälle gibt es nicht. Die Kastanie

beim Eingang vom Platzl her ist allerdings auffallend rechtsdrehend gewachsen. In etwa fünf Metern Höhe wechselt der Ast jedoch abrupt die Drehrichtung und wächst dem mittigen Brunnen zu. Warum?

Trinken Sie nun in Ruhe Ihre Maß Bier und lassen alles, was Sie beobachtet haben, in Ihrem Geist zusammenfließen.

4
Berührungsmagie

Die Löwennasen

Wer hätte noch niemals im Vorbeigehen die Schnauzen der mächtigen Wappenlöwen vor der Münchner Residenz gestreichelt? Schließlich soll die Berührung ihrer Nasen Glück bringen.
Obwohl, streicheln ist das falsche Wort, denn zumeist handelt es sich um eine eigenartig hastige Wischbewegung von Vorbeieilenden, von perfekt gekleideten Managern, Staatsdienern, Geschäftsleuten ebenso wie chic gekleideten Frauen, Teenagern, Studenten oder halbwegs kundigen Fremden: eine magische Berührung, die teils sehr bewusst ausgeführt wird, oft jedoch erkennen lässt, dass der Berührende sich der frech-fordernden Lang-mich-an-Magie der goldglänzend geriebenen bronzenen Löwennasen nicht entziehen kann.
Er muss tun, was er da tut!
Solche aus tiefen Schichten gesteuerten Handlungsweisen sind mehr als nur nette Spielerei.

Die beiden Löwenköpfe in unmittelbarer Nähe der Residenzapotheke und der Pfälzer Weinstube direkt gegenüber der Feldherrnhalle flankieren rechts und links den breiten Durchgang zu den Höfen der Residenz. Sie wirken beschützend und magisch aufladend. Am unteren Ausläufer des ehrfurchtgebietenden bayerischen Wappens ragen die faustgroßen Häupter des erhabenen Königs der Tiere in den Gehweg hinein – fordernd, zwingend, durchaus auch manipulierend!
Stellen Sie sich hin (Sie stehen direkt auf einer Drachenlinie) und beobachten Sie eine Zeit lang, was an diesem magischen Ort geschieht.
Der Hintergrund der mysteriösen, sich brüderlich-tätschelnd gebenden, letztlich jedoch einem höheren Unbekannten sich unterwerfenden Löwen-Geste ist für mich eindeutig kriegerischer Natur. Die Geste öffnet für einen ganz kurzen Augenblick einen Zugang ins Unbewusste, in die Seele des Kriegers.
Es ist ein Beschwichtigen, ein Beruhigen, eine Huldigung, ein Verschonmich. In alten Tagen der Tanz des Medizinmannes vor dem Kampf. Heute: vor der Besprechung, dem nächsten Termin, dem üblichen Münchner Überlebenskampf: beim Amtschef, beim Zahnarzt, bei der Behörde, bei der Liebsten. Allein die Bestellung bei einer typi-

schen Münchner Bedienung ist Kampf, verlangt bisweilen Taktik, Härte, Belastbarkeit. Oder Wunschmagie?

Hier, am Odeonsplatz, beginnt die wundersame Meile der Sehnsucht, öffnet sich jene königliche Monumentalstraße, die »Via triumphalis«: gedacht und umgesetzt als Selbstdarstellung des königlichen München, wie Ludwig I. es sich vorstellte. Wenn Sie hier, bestrahlt von der Kraft des Odeonsplatzes, im Bannkreis des Resonanzkörpers Feldherrnhalle, zu Beginn ebendieser das Wort Bescheidenheit nicht kennenden Ludwigstraße an einer Löwennase reiben, dann geschieht etwas ganz Ähnliches wie bei »Aladin und der Wunderlampe«: Ein Geist wird frei, in diesem Falle Ahnenkraft.

Durch Reibungsmagie verbinden wir uns mit etwas sehr Machtvollem. Ein messbares Spannungsfeld von Reibungselektrizität entsteht, eine Abladung und Erdung, verbunden mit persönlicher Wunschkraft, verstärkt durch das Kollektiv der Reibenden und das morphogenetische Feld aller Wünschenden …

Kurz: Wünsche gehen hier in Erfüllung. Deshalb ist es wichtig, sich sehr bewusst zu sein, was man an diesem Zauberort und Platz für Wunder tut. Eine positive Wirkung kann gar nicht anders, als

sich erfüllen. Deshalb sollte der Wunsch wohl überlegt sein. Erzählen Sie ihn auf gar keinen Fall weiter, er muss bei Ihnen bleiben.
Die wahre Kraft jener herrlichen magischen Platten, denn um solche handelt es sich bei den Wappenschilden, können Sie genießen, wenn Sie sich direkt vor den rechten der Löwen stellen. (Ich selbst reibe nie an den Nasen.) Ist Ihnen je aufgefallen, dass eine kreiselnde Sonne das Zentrum dieses Wappenschildes ziert? Spüren Sie die Abstrahlung?
Im linken Schild ist ein Schiff. »Navigator« mag Ihnen da einfallen. Jeder Schild trägt zwei Löwen, einen oben und einen unten! Doch nur an den unteren Löwenkopf-Schnauzen wird gerieben.
Und an jedem der beiden Schilde winden sich zwei gekrümmte Drachen, denn schließlich stehen Sie hier mitten auf dem Drachenpfad, der bis zur Mariensäule und dem Wurmeck reicht.
Für fortgeschrittene Energetiker: Es wird Ihnen bald auffallen, dass die »Reibungs-Passanten« viel mehr Energie dalassen (!) als mitnehmen. Gut für Sie, den stillen Beobachter. Laden Sie sich auf.
Und zum Schluss noch ein Spaß für Kenner: Sie warten, bis ein Passant den Löwen berührt.

Dann lassen Sie sich von der kreiselnden Sonne den letzten Gedanken, der hier abgespeichert ist wie auf einer Festplatte, erzählen: eine fantastische Unterhaltung.

5
Ein kollektives Kraftfeld

Der Kaiserhof der Residenz

Wir haben bereits am Marienplatz gesehen, dass da, wo alle hinschauen, meist das Entscheidende nicht gesehen wird. In diesem Falle: dort, wo täglich unzählige München-Bummler und Residenz-Besucher darüberschreiten!

Den Besuch im »magischen Kreis der Residenz« (Sie werden den kurzen Abstecher nie mehr missen wollen) hängen Sie idealerweise an das Gedankenkraft-Erlebnis mit den beiden Wappenlöwen an der Westseite der prachtvollen Baulichkeit an.

Von den beschützenden Portallöwen gehen Sie wenige Meter ins Innere des Residenz-Areals. Sie finden den ersten Hof, der auffallend weit ist und irgendwie kahl und monoton das lichte Grau der Wände reflektiert.

Genau im Zentrum des annähernd quadratischen Platzes ist ein weiter Kreis aus Granitsteinen gepflastert. Bevor Sie dessen Mitte suchen, beziehen Sie vielleicht erst in der Nähe dieses Kraftzentrums Position und beobachten still, wie Besucher, die sich eine Besichtigung der prachtvollen Residenz vorgenommen haben, unwissend genau über dieses Kraftfeld marschieren. Achten Sie aufmerksam auf Bewegungen, Gesten der Vorübergehenden, wenn es geht, auch auf die Gespräche.

Dieser Fleck ändert, manipuliert – nur keiner weiß es.

Magische, religiöse, geistige Kräfte sind auch dann wirksam, wenn diese nicht bewusst wahrgenommen werden, wenn um sie nicht gewusst wird; sie sind es dann sogar umso mehr!

Stellen Sie sich dann ins Zentrum des Kreisfeldes. Sie verspüren ein seltsames Kribbeln auf Ihrer Haut, erleben die typische Kraftort-Massage der Fußsohlen. Dies Kribbeln kommt von der Energie des Bodens unter Ihnen, resultiert auch aus all den hier gedachten Gedanken. Ihr Körper reagiert aufgrund des kraftvollen Zuströmens magischer Ortsenergieformen mit erregter Durchblutung.

Lassen Sie genau an diesem Stand-Punkt nun folgende Gedanken zu: In grenzwissenschaftlichen Kreisen ist es bekannt und anderswo kaum bestritten, dass jedes Lebewesen mit einem unsichtbaren

Feld seiner Gedanken, Wünsche und Vorstellungen umgeben ist. Überzeugungen, Glaubensgut und Lebenseinstellungen, Ängste und Hoffnung prägen das, was am besten mit »Aura« umschrieben sei. Es ist das persönliche Kraftfeld.
Das tritt in eine Wechselwirkung, die weder Leben und Tod, noch Zeit und Raum kennt, mit ähnlich gearteten Kraftfeldern – und stößt anders geartete ab.
So hat nicht nur jeder Mensch, sondern jedes lebende Wesen seine ganz spezielle Aura. Dies gilt auch für offizielle Versammlungsstätten: seien dies Thingplätze, Krankenhäuser, Schulen, Gefängnisse oder Ballsäle. Sie kennen die beklemmende Aura einer Behörde ebenso wie die beglückende Aura in der Wohnung eines geliebten Menschen.
Versuchen Sie nun, die Aura der Residenz, dieses Kaiserhofes wahrzunehmen. Nun? Was passiert mit Ihnen? Sie haben schon recht: Die Aura ist dunkel und merkwürdig, gibt jedoch in eigenartig positiver Weise Kraft.
Betrachten wir die Ortssage. Sagen könnten eigentlich Aura-Berichte heißen, denn in der Sage verdichtet sich stets genau das, was Generationen von Gedankengebern hier eingespeist haben und was in steter, vielleicht gar ewiger Wechsel-

wirkung zwischen Ort und Mensch nach den Gesetzen von Resonanz, Schwingung und Entsprechung passiert.
Die Sage erzählt von einem schwarzen Pudel, der zur Nachtzeit die Besucher erschreckt. Dabei handelt es sich um einen Verdammten, einen Unerlösten, der eines schnöden Verrates willen in der Hölle glühendes Gold in sich hineinfressen muss. Zu bestimmten Zeiten aber zeigt sich der untreue Diener, der das Goldversteck des Kurfürsten den Feinden verraten hat (bei meinem Besuch trottete tatsächlich ein schwarzer Hund genau über das Zentrum der Macht). Das kollektive Kraftfeld in diesem Gebäudekomplex speist sich also aus Geld, Gold, Schlucken und Ewig-keine-Lösung-des-Problems-Finden.
Die über viele Zeitspannen dauernden baulichen Aktivitäten an dem riesigen Residenz-Komplex hatten unter Kaiser Maximilian I. ihren Höhepunkt erreicht, der bis 1620 vor allem die Vierflügelanlage um ebendiesen Kaiserhof schuf.
Sollten Ihnen nun, inmitten des magischen Kreises, absonderliche Gedanken kommen, Sie wissen, warum!
Atmen Sie hier sehr bewusst aus, denken Sie sich mit dem Ausatmen frei, blasen Sie Beschwerliches einfach aus sich heraus. Und dann atmen

Sie bewusst ein, denken an Gutes und visualisieren, wie Sie die positive Energie in sich einsaugen. Die beiden Portallöwen am Eingang beschützen diesen Ort, vielleicht ahnen Sie, wovor.

6

Transformierende Erdkraft

Der Diana-Tempel

Ein Rundtempel mitten in München? Sogar mehrere? Nun, welche Bilder kommen Ihnen spontan in den Sinn?

Weltberühmt: der herrlich gelegene Monopteros im Englischen Garten, weithin sichtbares Zeichen inmitten einer von Wissenden gestalteten Natur; dann jenes wunderbar gelegene Gegenstück des Monopteros, der Apollo-Tempel im Nymphenburger Park! Hier findet der müde Wanderer Erquickung und der Hastende die Ruhe des Seins, hier scheint es in den Föhnhimmel eingeschrieben: »Wie im Himmel, so in München.«

Den dritten Rundtempel erreichen Sie, wenn Sie vom Odeonsplatz durch das Hofgartentor schreiten.

»... fein proportionierter klassizistischer Triumphbogen«, so schreibt ein seriöser Städteführer über den eigenartigen Durchgang in eine Anderswelt

mit strenger Geometrie, Rundbrunnen, liebevollen Anpflanzungen und eben dem dominanten Rundtempel.
Bevor Sie die verborgene Kraft dieses Diana-Tempels und die dahinter stehende Symbolik erschließen, etwas Kunstgeschichte für München-Bummler: Dies Hofgartentor war Leo von Klenzes erstes Werk in München (1816/17). Der Hofgarten selbst wurde von Kurfürst Maximilian I. in den Jahren 1613 bis 1617 nach dem Vorbild italienischer Renaissancegärten auf dem freien Areal des Nordens der raumnehmenden Residenz angelegt.
Die Loggia des Residenz-Festsaaltraktes ist auf den Rundtempel inmitten des Hofgartens bezogen.
Alles (!) ist auf den magischen Diana-Tempel ausgerichtet, nicht nur Baulichkeiten, sondern eben auch geistig-spirituelle Kraftfelder.
Betrachten Sie den Grundriss des Hofgartens oder imaginieren Sie diesen, am besten, gehen Sie den Zauberpark ab. Langsam und gemächlich – doppelt rechteckiges Geviert, zwei Rechtecke ineinandergestellt, durch kreuzende Diagonalen wegegerecht geometrisch gegliedert und mehrfach verbunden, wobei die Diagonalen bei je einem Brunnen mit Überlaufschale enden: ener-

getisch genial und damit wissend magisch aufgeladen.
Alles fließt der Mitte zu und strömt transformiert von hier wieder ab in jegliche Himmels- und Denkrichtungen.
Der Diana-Tempel steht auf einer mächtiger Drachenlinie, verbindet mit der Urkraft des Weiblichen, der Erdkraft eben.
Wie sehr die nach allen Seiten offene Tempelhalle ein Klangkörper ist, das hören Sie, wenn ein Musikant im Inneren Proben seines Könnens zum Besten gibt.
Diana wurde 1623 bewusst zur Landesallegorie »Tellus Bavarica« umgestaltet, also wörtlich in: »Bayerische Erde«. Deutlicher kann der Bezug zur Drachenkraft, zur hier zentrierten Erdkraft, nicht dargestellt sein.
Diana, kraftvoll und zugleich anmutig, behelmt, mit allen Landes- und Erdschätzen versehen: dem Salzfass, dem Hirschfell, der Reuse, der Ährengarbe für die Früchte des Bodens. Dazu der Kurapfel, wiederum »die Erde« im doppelten Sinn!
Machen Sie sich die stark transformierende Erdkraft dieses Rundtempels bewusst. Lassen Sie sich darauf ein, stellen Sie sich genau ins Zentrum und fühlen Sie.

Ich bin mir sicher, dass Sie nicht nur körperlich etwas wahrnehmen, sondern dass sich auch Ihr Geist auf neue Wege begibt und interessante Einsichten bereithält.

7
Urton im heiligen Raum
Die Ludwigskirche

Betrachten wir einen der wichtigsten Drachenpfade der Stadt, die grandiose »Via triumphalis«, für König Ludwig I. angelegt als königliche Prachtstraße, von Süden nach Norden ausgerichtet, Werk der kongenialen Architekten Klenze und Gärtner: Marienplatz – Feldherrnhalle/Odeonsplatz – Ludwigstraße – Staatsbibliothek – Universität – Siegestor und dann immer weiter nach Norden. Sie ist eine Kraftachse des Geistes, der Kraft, der Macht, vor allem jedoch der Kultur.

Die schnurgerade, repräsentative östliche Häuserzeile wird, etwa in Höhe der Universität, von einer die gesamte Drachenlinie »Ludwigstraße« beherrschenden weißen Doppelturmfassade dominiert: der Ludwigskirche. Sie wurde zwischen 1829 und 1844 von Friedrich Gärtner auf dringlichen Wunsch König Ludwigs I. errichtet.

Die Kirche kann wie ein resonanzverstärkendes Instrument betrachtet werden, das durch die ständig energieschwingende Saite der königlichen Prachtstraße zum Klingen gebracht wird: ein energetisches »Sounding board«.

Stellen Sie sich bewusst auf die Treppen oder auf das Plateau unter der magischen Vorhalle der von überallher sichtbaren Doppelturmfassade. Erleben Sie die Freitreppen, die Säulenarkaden und die Vorhalle: zwei magische Säulen, die Säulen des Tempels, dazu drei Rundbögen. Die Stufenzahl der Treppe setzt sich zusammen aus sieben und vier – zusammen elf.

Die Ludwigskirche ist energetisch im Inneren von einer extrem stark wirkenden Mittelachse geprägt, einer Senkrechten auf die Drachenlinie der Ludwigstraße.

Diese Kirchen-Kraftlinie, mit einer eigenartig heiligen und heilenden Stärke, zieht beständig nach vorn, zum Altar hin. Sie spüren die Kraft bereits außerhalb, nachdem Sie die breiten und vor Energie vibrierenden Tempelstufen erstiegen haben. »Energie« dürfen Sie hier ruhig im physikalischen Sinne verstehen, als transformierbare Kraft.

Sehen Sie die Keltenkreuz-Rosette aus neun eingelassenen Steinen? Heiliges Plateau! Einstimmung und Zentrierung für das, was den sinnenden Besucher nun erwartet.

Kaum sind Sie in die Ludwigskirche eingetreten, nimmt das mystisch dunkle und doch aus sich selbst leuchtende Blau der Wände die Sinne des Ankommenden gefangen. Sie befinden sich in der Zauberwelt des Nazarener- oder Präraffaelitenstils.

Die Bedeutung dieser Kunstwerke mag umstritten sein und die Art der symbolhaften Darstellungen ist für uns nahezu modern anmutend, doch eines ist gewiss: Es wirkt! Der damalige Künstlerpapst Peter Cornelius malte die bibeltrunkenen Fresken mit »raffaelischen Linien«. Und das Apsisgemälde erschüttert jeden Besucher.

Dies monumentale Bild, das Jüngste Gericht in weltenpurzelndem Spektakel aller Sünden und Laster, alle Erhebungen und Verwerfungen Gottes und göttlicher Kräfte inszenierend, wurde in den Jahren 1836–40 verwirklicht und soll nach Michelangelos »Jüngstem Gericht« in Rom das größte Wandfresko der neueren Kunstgeschichte sein.

Selten finden Sie so eine verklärende Tempelstimmung wie in den Seitenkapellen und unter deren Kreuztonnen-Rundkuppeln. Die Schwingung des Ortes ist hier nicht nur fühlbar, sondern Sie hören nachweislich einen fernen Brummton. Ob sich hier wie in einer Muschel alle Geräusche der

Umgebung fangen oder ob es ein geistiger Ton (der Urton des Geistes?) ist, der nicht nur in Ihr Ohr dringt, sondern der den Raum beherrscht, der den heiligen Raum betont?
Schauen Sie rechts vorn von der Rundkuppel im Südwesten zurück zur Taufkapelle. Wenn heller Sonnenschein in die sonst dunkel und blautonige Kirche fällt, entstehen verklärende Lichteffekte. Beachten Sie die heilige Geometrie in der Kuppel. Sehen Sie die versteckten und doch offensichtlichen Sygillen für männlich und weiblich.
Und dann stellen Sie sich unter die Vierung: fürwahr ein magischer Ort. Und über dem Altar der Heilige Geist. Hören Sie nie auf, über dessen Bedeutung und versteckte Aussage nachzudenken. Dafür ist er übrigens da, der Geist, der Heilige.
Lassen Sie sich jetzt vom Altarfresko vollends vereinnahmen: Apokalypse, Chöre der Engel, Gottvater, der majestätisch das Szenario beherrscht, Christus als Weltenrichter, Gefallene, Aufgestiegene, Licht, Ordnung und Chaos. Wia's Leem hoid a so is – davor und auch danach.
Links vom Altarraum findet sich der »Schrein der Krone Christi«, ein mystisches Kunstwerk, das moderne Farbfototechniken benutzt, um »den Schrein« von innen her in den unverwechselbaren Farben gotischer Kirchenfenster erstrahlen zu las-

sen. Das Werk von Philipp Schönborn aus dem Jahre 1996 bezieht sich auf Ludwig den Heiligen, der im 13. Jahrhundert König von Frankreich war und nun Patron der Ludwigskirche ist – Sie finden ihn übrigens links vom Altar als lebensgroße Statue mit Zepter und Dornenkrone.
Dabei wurden die farbklingenden Fenster der Sainte Chapelle in Paris vom Gestalter des »Heiligen Schreins« bewusst unscharf abgelichtet, um deren Farb-Klang (der hier mit dem Raumklang des Kircheninneren identisch ist) wiederzugeben. Sehen, spüren, »farbhören« Sie das Ergebnis.

8
Das Goldene Vlies
Vom Liebfrauendom zur Theatinerkirche

München und das Goldene Vlies? Ist das nicht etwas weit hergeholt? Für den, der nur die Oberfläche sieht, schon. Für den, der nach dem Wesen der Dinge fragt, nicht. Machen Sie es wie Jason, seien Sie der Argonaut, der in der griechischen Sage das Goldene Vlies raubte.

Ähnlich wie der Gral ist das Goldene Vlies ein uraltes Symbol, ein magisches Zeichen der Sehnsucht in uns allen. Machen Sie sich auf die Suche – es lohnt sich.

Der »Orden vom Goldenen Vlies« ist ein besonders elitärer, wirklich nur wenigen zugänglicher Geheimbund (hier trifft das Wort Geheimbund wirklich zu) im Konzert der Logen.

Es ist einer der ältesten, vornehmsten und noch heute bestehenden mittelalterlichen Ritterorden. 1430 stiftete Philipp der Gute von Burgund zu Ehren des heiligen Andreas den Orden, der zum habsburgischen Hausorden wurde, jedoch auch

in Spanien als Verdienstorden verliehen wird. Und: Der Schatz (!) des Ordens wird in Wien in der Weltlichen Schatzkammer verwahrt.
Dennoch macht es nicht nur Spaß, sich selbst auf die Suche zu begeben, Sie werden ab einem bestimmten Punkt geführt. Doch beginnen müssen Sie, nur Sie selbst.
»Eine Handlung ist nur dann sinnvoll, wenn sie im passenden Augenblick stattfindet«, so lautet die Antwort auf die Frage eines Tempel-Aufnahme-Zeremoniells. Apropos Tempel und Tempelarbeit: Haben Sie gewusst, dass der »Tempel Salomonis«, der Felsendom in Jerusalem, Vorbild für die Zwiebelhauben des Münchner Doms war?
Dieser Hinweis stammt keineswegs von Esoterikern, sondern steht im Grundlagenwerk »Der Dom zu unserer Lieben Frau in München« von Peter Pfister, dem kundigen Leiter des offiziellen Archivs der Erzdiözese München und Freising (München 1994, S. 72).
Welch ein Unterschied von der gemütlich-betulichen Betrachtungsweise der »welschen Hauben« und der Mär vom Geld, das für den Weiterbau der Turmspitzen gefehlt haben soll!
Und eben im Dom zu Unserer Lieben Frau finden Sie den Kenothaph des Hauses Wittelsbach, das dunkle erzene Scheingrab im rechten hinteren Be-

reich des Domes, also im südlichen Seitenschiff. Das gesamte Ensemble umschließt einen Gedenkstein aus dem Jahre 1490 – Kaiser Ludwig den Bayern darstellend.
An diesem Denk- und Stand-Punkt beginnt unser einweihender München-Weg und unsere persönliche Suche nach dem Goldenen Vlies.
Betrachten Sie, von der Altarseite her kommend, die Front dieses Scheingrabes von Ludwig dem Bayern. Der stehende Schwertträger zwischen den beiden knienden Rittern, es ist Albrecht IV., trägt den Orden vom Goldenen Vlies um den Hals. Auch der Mantel zeigt von oben bis zum Boden dies eigenartig aufgehängte Widderfell.
Mit dem die Seele und das Unterbewusste erreichenden Bildnis im Kopf und mit Gedanken, was dieses »Goldene Vlies« für uns bedeuten könnte, gehen Sie nun vom Dom zur Michaelskirche. Einfach die Fußgängerzone entlang, immer westlich, in Richtung Stachus.
Stellen Sie sich vor die Michaelskirche, direkt unter die Michaels- und Drachenskulptur. Machen Sie sich bewusst: Das Wappen ist genau unter der monumentalen Statue mit dem einen Drachen pfählenden Erzengel positioniert. Es wird von einer Kette umrahmt und unten an dieser Kette – das Goldene Vlies!

Sehen Sie einfach hin, machen Sie sich klar, dass dies Goldene Vlies in Augenhöhe angebracht ist, allerdings immer von einem Plakatständer, der auf Meditationsstunden in der Kirche hinweist, verdeckt wird. Warum?

Versuchen Sie einfach nur da zu sein, ganz präsent, denken Sie nicht bewusst, doch achten Sie darauf, welche Gedanken in Ihnen auftauchen.

Beim Goldenen Vlies handelt es sich um das magische Fell des Widders Chysomeldes, der fliegen und sprechen konnte. Jason, der dies Zauberfell aus dem Hain des Areas zurückeroberte, musste jedoch erst den Drachen töten …

Das Ahnengedächtnis eines Volkes oder eines Kulturkreises liegt in seinen Sagen, Mythen und Märchen.

Für die meisten Menschen steht zumeist nur jene bekannte materielle Suche nach dem Schatz, nach Reichtum und Glanz im Fokus des Interesses, ebenso die Strahlkraft des Helden – was bis heute Stoff für seelenplättende Fernseh- und Kinofilme abgibt. Der Eingeweihte sieht jedoch hinter dem immer gleichen Unterhaltungsschema der Aventiure-Fahrt, der Reise übers Meer, hinter Allegorie und symbolischer Handlungsabfolge die Botschaft: Der Held muss aufbrechen zu einer Reise, die nur vordergründig einen materiellen Wert (Gral,

Prinzessin, Goldenes Vlies, Heilige Lanze, Schwert Excalibur, Bundeslade, Gelobtes Land ...) verspricht. Der Held muss einen Weg gehen, der seine Entwicklung widerspiegelt. Jason findet nicht nur ein besonderes Fell, er findet vor allem sich und seine wahre Bestimmung.
Was, denken Sie, bedeutet der berühmte Aufbruch des Moses, die Suche nach dem Gelobten Land? Was findet er? Und als er es hat, braucht er gar nicht mehr in dies Land, denn es ist in ihm!
Der Held – das sind Sie! So wird dieser München-Spaziergang zu einem Initiationsweg für uns selbst. Es geht darum, den Menschen zu wecken, der in uns angelegt ist, unser wirkliches Wesen zum Ausdruck zu bringen.
Eine letzte Station wartet noch auf uns: die Theatinerkirche am Odeonsplatz.
Das Goldene Vlies taucht zum dritten Mal auf: auffallend und damit unsichtbar hoch über dem Portal der Theatinerkirche am Odeonsplatz!
Wie oft habe ich diese Fassade betrachtet, doch erst eine wissende alte Dame hat mich bei meiner ersten München-Führung auf das Goldene Vlies hingewiesen, das unten an einer monumentalen steinernen Kette mit dem Maximiliansorden hängt, einer Kette, die das Wittelsbacher Wappen umschließt, meterbreit und undezent; hoch und

zentral über dem Haupteingang zur Theatinerkirche St. Kajetan.
Vielleicht haben Sie Freude, Ihren Initiationsweg zu schließen, indem Sie wieder zum Liebfrauendom zurückgehen. Die Jagd nach dem Goldenen Vlies zeigt uns unsere wahre Bestimmung. Gerade in Zeiten, in denen Entscheidungen anstehen, wir von Zweifeln geplagt werden, sollten wir uns auf diesen Weg begeben. Spazieren gehen in München und dabei die Welt hinter der Welt beschreiten.

9
Okkultes, morphogenetisches Feld

Der Schöne Turm

Zwischen Karlstor und Marienplatz, nahe der Michaelskirche, ist deutlich sichtbar der Grundriss des so genannten Schönen Turms ins Pflaster der Fußgängerzone eingelassen.
Dieses sieben mal sieben Meter große Quadrat aus Granitsteinen, ein Quadrat mit Ausbuchtungen an den vier Ecken, das sich von den großflächigen Einheitsplatten der Fußgängerzone deutlich abhebt, hat es allerdings energetisch in sich.
Stellen Sie sich hinein. Plötzlich wischt der Passantenstrom wie aus einem vor langer Zeit geträumten Traum an Ihnen vorüber. Sie staunen, dass kein einziger Fußgänger das deutlich eingelassene (49 Quadratmeter große!) Zeichen im Boden wahrnimmt und schon gar nicht die Energien, wie sie immer noch, ortsgebunden, hier walten.
Energie folgt immer der Aufmerksamkeit und Aufmerksamkeit folgt der Energie. Wenn Sie also hier stehen und ganz präsent sind, wenn Sie dem

Ort Aufmerksamkeit schenken, dann beginnt er zu erzählen.
Betrachten Sie die rechte Seite vom Hirmer-Haus. Da prangt an der Ecke über den Arkaden eine Steinskulptur – ein ziemlich unglücklich aussehender Mann, den Hut in der Hand, auf seinem Rücken ein turmähnliches Gebilde, das ihm den Lebensmut zu nehmen scheint. Das ist der Goldschmied des Schönen Turms.
Dies magische Viereck bedeutet nicht nur den genauen historischen Grundriss; es ist wirklich ein magisches, ein wirkmächtiges Quadrat. Denn durch das gotische Spitzbogentor des Torturms zog sich jener Drachenpfad, der vom Stachustor (Karlstor oder Neuhauser Tor) dann hier durch das Tor des Schönen Turms, schließlich, den Marienplatz passiert habend, durch das Alte Rathausturmtor bis hinein ins Tal fließen konnte und schließlich auch noch durch das Isartor. Dann konnte die Flusskraft der Drachenlinie energetisch in die reißende Isar schwappen und in den ewigen Kreislauf des Seins mit aufgenommen werden.
Der Schöne Turm hieß nicht nur so, er war auch wirklich berühmt für seine Schönheit. Alte Stiche und Aquarelle, die sich zumeist im Stadtmuseum finden, bezeugen dies eindrucksvoll.

Der Turm ähnelte in der Form dem Alten Rathausturm, hatte die gotische Passage, vier seitliche Strebepfeiler, die ihm das typische Aussehen gaben und oben über der allseits sichtbaren Uhr neben der Hauptturmspitze in vier kleinen fialenähnlichen Spitzen endeten. Diese vier Strebepfeiler sind heute noch im Grundriss sichtbar: eine ideale Pfählung der Drachenkraft am richtigen Ort! Hingehen, anschauen.
Erst hieß dieser Turm Kaufingertor, dann Öder Turm, 1479 wurde er, seiner damaligen Baufälligkeit wegen, zum Teil abgerissen. Seit dem Neuaufbau war er mit herrlichen Malereien versehen, dargestellt war Kaiser Ludwig, Soldaten, Fahnenträger, alle in vielen bunten Farben – daher der Name Schöner Turm.
Zwei mächtige Turmmänner schlugen den Münchnern »die Stunde«. Und dann war da noch das »Arme-Sünder-Glöcklein«! Das hörte der wackere Goldschmied, der hier oben die Werkstätte hatte, gar oft. Bis es ihm selbst galt. Ein reicher Münchner Bürger hatte dem unbescholtenen und hochbegabten Feinhandwerker das wertvolle Geschmeide der Gattin zum Kopieren anvertraut. Eine diebische Elster pflückte den Goldschatz von Arbeitstisch weg und benutzte, nein, missbrauchte ihn zu Nestbauzwecken ... Um es kurz

zu machen: Der Goldschmied wurde hingerichtet und erst lange nach seinem Tod fand sich das Geschmeide anlässlich von Restaurationsarbeiten wieder. Dieses Unrecht bleibt bis heute an diesem Ort spürbar.

Irgendwie kribbelt es noch immer, wenn man da steht und daran denkt. Dazu kam, dass dem schönen, allerdings okkult besetzten Turm das nächtliche Erklingen von Schlachtenlärm nachgesagt wurde: Schlachtrösser, Trompeten, Trommelwirbel.

1807 hat man diese energetische Schleuse abgerissen, des engen Durchgangs wegen.

Festzuhalten bleibt: Der Turm war okkult besetzt, der Platz, den der quadratische Grundriss zeigt, ist es noch.

Immer noch hören Sie den Lärm von Schlachten – auch der zukünftigen!

10
Archetypische Gedankenfelder

Das Isartor

Ein Tor bedeutet Einlass und Durchlass, Verwehren und Hineinkommen zugleich, ein uraltes Spiel der Kräfte – vor allem im Mittelalter, als eine Stadt tatsächlich noch der gesicherte Bereich für deren privilegierte Bewohner war.

Diese urige Kraft des Burgtores, jene archetypische Magie der Abgrenzung und des dennoch gezielten und gewollten Ankommens und Hineinwollens; ebenjener Zauber eines Burg- und Stadttores ist im innersten München immer noch sichtbar, spürbar und erlebbar: am Isartor.

Beginnen Sie am Marienplatz, an der drachenbewehrten Mariensäule. Gehen Sie durch das Tor des Alten Rathauses hindurch, an Viktualienmarkt und Heilig-Geist-Kirche vorbei, durch »das Tal«, dessen Name nicht zufällig ist und tatsächlich an ein Stadttal erinnert.

Schon bald tut sich das Isartor unübersehbar vor Ihnen auf. Sofort erkennen Sie ein erheiterndes

Kuriosum der Neuzeit: Diese gesamte Toranlage lässt den Verkehr, also die Ströme der Menschen und damit die fließende Energie der Bewegung, nicht hindurch wie ehedem – sondern leitet sie außen herum!

Als Kraftortfreund müssen Sie nun eine der kräftig pulsierenden Verkehrsadern überqueren, um auf die ruhige Insel zu gelangen, die jenes Tor trägt. Das lohnt in vielerlei Hinsicht.

Der hohe Hauptturm, sechs Stockwerke hoch und etwa dreißig Meter aufragend, bildet mit den beiden oktagonalen, vorgelagerten Flankentürmen ein magisches Dreieck, das die eigentümliche Kraft des Ortes ausmacht und bestimmt.

Der Hauptturm mit den drei für ihn typischen dunklen Bogenfenstern im oberen Drittel weist zum Tal hin, die beiden bulligen Vortürme flankieren das eigentliche »Isar«-Tor, denn sie stehen nach Osten, also zur Isar. Deshalb der Name Isartor.

Genießen Sie, auf der Ostseite stehend, den Anblick der Rundtürme, dazwischen die Mauer des Wehrganges mit drei hohen Spitzbogendurchlässen. Beachten Sie sinnend das Fresco, das im Auftrag König Ludwigs I. im Jahre 1835 entstanden ist: Der bombastische Siegeseinzug Kaiser Ludwigs des Bayern nach der Schlacht von Ampfing

im Jahre 1332 lebt hier in frischen Farben auf. Nach einigem Hinschauen sind Sie im wahrsten Sinne des Wortes weg, haben ein Zeittor durchschritten! Lassen Sie sich auf die Zeitreise ein, seien Sie offen für das, was mit Ihnen geschieht. Sie können sich hier sicher und zumeist ungestört bewegen. Dieses Tor vermittelt Sicherheit, genießen Sie diesen Archetypus, lassen Sie ihn in Ihrer Seele aufblühen. Durchschreiten Sie die drei Tore, wie Sie wollen, durchschreiten Sie auch die Turmtore, soweit dies möglich ist, und achten Sie immer auf sich selbst und das, was Ihr Körper, Ihre Seele und Ihr Geist Ihnen zu erzählen haben.
Urplötzlich begegnen Ihnen Gedankenformen und Gemütszustände, die Sie eigentlich gar nicht an sich kennen. Das kommt daher, dass Sie sich hier am magischen Ort in bereits vorhandene Gedankenformen einloggen können, oder besser: dass sich hier historische und andere, recht kuriose Gedanken Ihrer bemächtigen, ob Sie das wollen oder nicht.
Zu den zumeist historischen Gedankenfeldern kommt noch die Tatsache, dass hier, im linken (!) Isartorturm das bekannte Valentin-»Musäum« untergebracht ist und damit eines Genies des sich selbst überrundenden Kreiselgedankens gedacht wird.

»Als ich in deinem Alter war, da war ich sogar noch jünger als du …«
Zufälle gibt es nicht. Und sicherlich ist das Querdenk-Museum gerade hier am rechten Ort. Die kuriosesten Gedanken hatte ich im Inneren der Wehranlage, zwischen Türmen und Mauern.
Um das Tor herum braust der Verkehr und doch findet man hier auf eine erstaunliche Weise zu sich selbst und entdeckt Gedanken in sich, die ganz neue Einsichten ermöglichen.

11

Der heilige Bezirk

Die Pfarrkirche St. Anna

»Der Geist und die Wucht von romanischen Kirchen bestehen in den Bausummanden«, so habe ich den legendären Kirchenhistoriker Professor Benno Hubensteiner noch im Ohr.

Stellen Sie sich auf einen der wirkkräftigsten Plätze Münchens, z. B. den St.-Anna-Platz im Lehel, vielleicht an die Südostseite der Pfarrkirche St. Anna.

Zählen Sie die verschiedenen sich zu einem magischen Ganzen zusammenfügenden, dreidimensionalen, raumgreifenden geometrischen Körper: ein mit magischem Wissen komplex ineinander verschachtelter Baukörper. Sie werden immer wieder einen neuen Blick-Punkt finden.

Das eben gehört zum geistigen Konzept dieses Baues: die Umgehbarkeit, das stete Auftauchen eines neuen Imagos, eines neuen Gedankens.

Der Reiz des gesamten altgewachsenen Stadtviertels Lehel scheint sich in den Rundtürmen, Achtecken, Quadern, Tonnen, Röhren, Rhomben, dazu einem alles überragenden Oktagon – und vielen weiteren Bauformen der von Gabriel von Seidl so meisterhaft in rheinischer Romanik nachinszenierten neo-romanischen Gottesburg zu verfangen, alsdann prismatisch zu bündeln, in unsichtbaren Strahlen des Schöpfungsgeheimnisses zu brechen und den Pilger nicht mehr loszulassen.

Schnell ein Blick über die Straße zur gegenüberliegenden St.-Anna-Klosterkirche. Kunstgeschichtlich, architektonisch, von der feinen, hebenden Wirkung und mit Namen wie Fischer und Asam als Gestalter oder Ausmaler ist die gegenüberliegende Klosterkirche bestimmt wertvoller als die grausteinerne Gottesburg Seidls. Dennoch ist es diese, die den Wanderer auf magischen Pfaden ungleich mehr in den Bann zieht.

Die Oberarmreliquie des heiligen Antonius, die in der rechten Wandseite der von außen eher schlichten Franziskaner-Klosterkirche aufbewahrt wird, bestrahlt nicht nur deren Kirchenraum, sondern wirkt über den ganzen St.-Anna-Platz hinaus.

Bleiben wir bei der eher dunklen, doch so eigenartig lockenden Pfarrkirche St. Anna. Lassen wir kunstgeschichtliches Wissen nicht zu sehr unser

Gefühl überlagern und geben uns ganz der Kraft des magischen Platzes hin.
Die seltsam mächtige Verlockung des Ortes nimmt fühlbar zu, wenn Sie die Stufen zu dem Plateau, das die Kirche trägt, emporsteigen.
Und dann wieder eine einzigartige Ruhe, ein Seelenfrieden, der mit jedem einzelnen der Steine zu korrespondieren scheint: gewollter heiliger Bezirk am erwählten Ort.
Schreiten Sie an der Südseite der geistigen Gralsburg entlang, berühren Sie die Steine. Fühlen Sie die Schwingung. Hier an der Außenwand ist jener mystische, niemals in Worte zu fassende Urton des Lebens zu erspüren. Die St.-Anna-Pfarrkirche tönt. Sie klingt wie ein dumpfer, machtvoller Basston – eine beeindruckende Erfahrung.
Das Portal wirkt wie ein spirituelles Prismenglas, das alle Energien bündelt, zentriert und dann in alle Richtungen ausstrahlt. Christus als strenger Weltenrichter dominiert das Tor des Tempels, darüber erscheint er gar als apokalyptischer Reiter. Innen, an dem alle Sinne gefangen nehmenden Apsisfresko wiederholt sich das strenge Weltengericht-Motiv.
Weniger furchteinflößend als die Kirche ist ein ebenso von Gabriel von Seidl geschaffener und wissend konzipierter Brunnen an der Südwest-

Ecke der Terrasse. Hier stimmt alles! Die magische Stelle und deren beruhigende Urkraft, dazu schattenspendende Kastanien: Symbolik, Klang – und vor allem geniale Einbindung in das architektonische Raumganze nicht nur des Kirchenbaues, sondern auch der gesamten Umgebung des St.-Anna-Platzes!

Lassen Sie sich nieder auf der umgebenden runden Mauerbrüstung und genießen Sie die wundersame Brunnenanlage mit dem wohlig gurgelnd herniederfallenden Wasser. Mittig das Keltenkreuz aus Untersberger Marmor. Zu Füßen dieses von Ahnenwissen durchwobenen Kreuzes knien vier Männer, die aus vier Krügen Wasser in die runde, urweibliche Brunnenschale gießen.

Sicherlich ist es kein Zufall, dass dieses Kreuz mit der so sichtbar keltischen Symbolik und kraftumsetzenden Urwucht aus Untersberger Marmor mit der typisch rötlichen Färbung besteht.

Untersberg: Kraftort, Zauberberg, Berg der Macht, Templerburg, Zeitentunnel.

Zeit spielt hier keine Rolle. Begehen Sie irgendwann die Kirche selbst – Kunstgeschichte und Baugeschichte sollten Sie heute nur am Rande streifen. Wichtig ist, dass vor Baubeginn 1887 erst der Stadtsägebach überwölbt werden musste. Hier also waltet die ganze Kraft unterirdi-

schen Wassers, für Fühlende deutlich, überdeutlich spürbar.
Auffallend viel Licht ergießt sich in dieser wundersamen kreuzförmigen dreischiffigen Pfeiler-Basilika mit Westquerbau. Und immer ein wahrnehmbarer Grundton des Seins, auch wenn nichts zu hören ist.
Stellen Sie sich auf die Altarinsel unter dem mächtigen achteckigen Turm, der von außen das Gesamtbild der Kirche dominiert. Genießen Sie die enormen Resonanzkräfte.
Alles schwingt.
Lassen Sie das klangfangende Halbrund der Apsis mit dem monumentalen Schöpfungsfresko auf sich wirken.
Dann treten Sie wieder ins Freie und sollten dabei sehr wachsam sein, was mit Ihnen geschieht. Und es würde mich nicht erstaunen, wenn Sie plötzlich wissen, dass Sie wieder hierherkommen werden.
Tipp: Suchen Sie die heilige »Anna Selbdritt« über dem so kraftvollen Portalensemble, dem Tempeltor, also im Glockengeschoss der Giebelpartie des Hauptturmes. Er ist 58 Meter hoch, Quersumme dreizehn.
Selb-Dritt: die weibliche göttliche Kraft, dreifach. Wenngleich als Heiligenfiguren verklausuliert, ist

es doch die berühmte »Dreifache Weibliche Gottheit Bayerns«!

Kenner der Materie und der in Bayern allgegenwärtigen »Drei Beten« wissen, dass es sich um uraltes Wissen handelt. Und das alles mitten in München.

12
Magische Hügel
Der Friedensengel

Rom ist auf sieben Hügeln erbaut und auch Münchens Kraft als magisches Areal, als Großfläche mehrerer stark miteinander kommunizierender Orte hängt mit Hügeln zusammen, die zueinander in sendender und empfangender Verbindung stehen.

»Bella vista von Münchens sieben Hügeln« titelte die *Süddeutsche Zeitung* in der Neujahrsausgabe 2006.

Mit diesen »Sieben Hügeln« sind der Müllberg, der Olympiaberg, der Friedensengel, der Monopteros, die Theresienhöhe, der Westpark-Hügel und der Ostpark-Hügel gemeint, von denen das Leuchten des Silvesterzaubers besonders gut gesehen werden kann.

Wer die Spannung der magischen Orte Münchens zueinander erfühlen und erfahren will, der muss diese Wirkweise der Hügel der Stadt sehend erkennen. Und dabei speziell das magische Dreieck mit einbeziehen, das zwischen Friedensengel und Theresienhöhe (Bavaria, Paulskirche, siehe dort) und dem Monopteroshügel im unweiten Englischen Garten wirkt. Für mich sind diese drei Letztgenannten wirklich magische und machtvolle Kraftorte.

Gehen wir hin, besuchen den Friedensengel, der auf dem Isarhochufer oft aus der Ferne in der Sonne glänzt und die Blicke auf sich zieht. Die meisten kennen ihn nur vom Vorbeifahren »aus der Nähe«, wobei der Dauerverkehr alle Aufmerksamkeit fordert und so vom Wesentlichen ablenkt.

Nehmen Sie sich die Zeit und gönnen Sie sich einen München-Bummel. Der ideale Ausgangspunkt ist das Haus der Kunst. Stellen Sie sich auf die Stufen. Spüren Sie die Abstrahlung von Macht und betrachten Sie augenzwinkernd den Bau der Staatskanzlei schräg gegenüber. Auch die Muse des Englischen Gartens umfängt Sie energetisch; Sie können die grüne Lunge Münchens von dieser Position aus zwar nicht sehen, aber fühlen.

Pilgern Sie ostwärts, überqueren Sie die Luitpoldbrücke und spüren Sie, wie sich ab hier die Stimmung ändert, wie die Energie eine vollkommen andere wird.

Sie sind nun auf einer der bewusst angelegten und machtwirkenden Energielinien Münchens, die Sie hinauf zur Prinzregententerrasse und zum Friedensengel führt.
Vor Ihnen zeigt sich eines der schönsten Brunnenareale, das diese Metropole bieten kann. Darüber die Säule mit dem hoch über dem Verkehr und den Grünanlagen thronenden Engel, der der Siegesgöttin Nike nachempfunden wurde. Die vergoldete, zumeist in der Sonne gleißende Himmelsbotenfigur ist vier Meter hoch und steht auf einem Steinsockel von 22 Metern.
Der Engel schützt München und schützt alle, die ihn dieser wichtigen Funktion wegen besuchen.
Sehr oft deuten Säulen auf wirkende Energielinien hin. Sie wurden ganz bewusst gesetzt, um die Erdenergie zu pfählen. Kraftortkenner unter Ihnen wissen, wie oft dies an Kraftorten vorkommt.
Das Denkmal erinnert an die 25-jährige Friedenszeit nach dem Krieg von 1870/71. Die Stadt München beschloss, hier ein »Zeichen zu setzen«, und stiftete den Engel auf der Prinzregententerrasse, die im Jahre 1896 begonnen und 1899 vollendet wurde.
Selten nimmt in München ein architektonisches Ensemble so wunderbar die Kräfte des Ortes auf und transformiert sie in sehr feine Energien.

Die dekorative Anlage, bereits mit der Isarbrücke beginnend und den Strom des Flusses ebenso wie den Strom des Verkehrs aufnehmend, dann mit wunderbarer Terrasse samt Brunnen die Kraft bündelnd, die doppelte Freitreppe an der Stützwandung harmonisch unterstützend: alles fließt, alles bündelt, alles lockt Kraft; klettert Säulen eines kleinen Tempels hoch und schraubt sich mit linksdrehenden Energieformen bis zu den beiden Flügelspitzen des segenbringenden Engels. Goldmosaiken im Inneren des Tempels, bereits im Sezessionsstil gehalten, allegorisieren Frieden, Krieg, Sieg, kulturellen Segen.
Finden Sie Ihren Platz. Für mich ist dieser auf der Freitreppe. Spüren Sie, wie Verkehr, Isar, der Himmel gar in Sie einströmen und den bereiten Sucher ahnen lassen, welche magischen, okkulten, gottlob auch segnenden Kräfte von hier am Bogenhausener Isarhochufer ausgehen!
Denken Sie, an diesem Platz der Erdpfählung stehend, an den Monopteros im Englischen Garten, der ebenfalls auf magischem Hügel thront, einem Kunsthügel, gewonnen durch den Aushub des Kleinhesseloher Sees; dann imaginieren Sie die Theresienhöhe.
»Lassen Sie Ihre München-Gedanken im Dreieck kreisen!« Dreieck und Kreis, immer schon Zei-

chen des Einklanges dreier Grundkräfte. Dreifaltigkeit des Denkens. Friede ist möglich, auch wenn es immer wieder anders scheint: Warum nicht in sich selbst beginnen?

13

Magie zum Wohle aller

Das Künstlerhaus am Lenbachplatz

Magie wirkt und verändert – und auch Kunst bleibt ohne die zeitlose Zauberkraft des Bildes undenkbar.

München ist deshalb so magisch und bannend, weil es von wirklichen Magiern geprägt worden ist, die den Willen des Einzelnen ebenso wie den Willen und die Sehnsüchte des Kollektivs zu beeinflussen verstehen.

München bietet alles in Perfektion, was Magier brauchen: magische Orte, dazu Drachenlinien, Schlangenpfade, abladende Stellen ebenso wie Himmelstore. Denn nur dort, wo der Ort mitspielt und die Kraft des Bodens und der Energien darunter, darauf und auch darüber verstärkend zur Verfügung stehen, kann Magie wirksam werden.

Wenn man die Geschichte Münchens unter dem über-sinnlichen Gesichtspunkt betrachtet, ging es vor allem um Macht, den grenzenlosen Willen zur Macht.

Wie diese manipulative Kraft von wahrhaften Meistern im Sinne aller genutzt wurde, zeigt das Künstlerhaus. Zur Zeit vor und um 1900 walteten in München wahre Magier des Zeit-Geistes mit höchstem Anspruch, waren handwerkliche Könner der darstellenden Künste und des bewussten Wortes.
Ästheten nicht nur der Kunst, sondern ebenso der eigenen Lebenskunst; dazu Herrscher des eigenen Willens und Wollens, auch des Könnens und des Tuns!
Magier des Auges, zelebrierende Fürsten von Kunst und Lebens-Art: die Münchner Künstlerfürsten um Lenbach, Stuck, Seidl, Hildebrand, Gedon, Busch ...
Und sie schufen, um in ihren legendären Zusammenkünften und Feiern nicht nur sich selbst zu befruchten und zu unterhalten, sondern auch, um ein Kraftfeld ihrer selbst zu schaffen, eine morphogenetische Aura des Zwingenden, die bis heute wirkt: das Künstlerhaus.
Eine gute Einstimmung für einen Besuch dort ist der Wittelsbacher Brunnen am Lenbachplatz.
Gehen Sie vom Stachus aus die wenigen Schritte in Richtung Lenbachplatz. Dort wabern die Wasser des Mangfalltales aus den Schalen allegorischer Figuren, stellen die gebende und die zerstö-

rende Kraft des Urlebensstoffes dar: ein Werk des Allotrianers Adolf von Hildebrand. Die Allotria war damals, als München wirklich Welt-Stadt war, ein Verein, mehr noch eine Zusammenkunft, die Magier der Ästhetik vereinigte, die zusammen das Künstlerhaus wollten und werden ließen.

Stellen Sie sich etwa in die Mitte der genau durchdachten Gesamtanlage des Wittelsbacher Brunnens am Lenbachplatz. Er ist eine legendär schöne Brunnenschöpfung des 19. Jahrhunderts, Gesamtkunstwerk aus Statik und Bewegung, Licht, Feuer, Erde, Wasser, allen magischen Elementen – das gesamte Areal Lenbachplatz mit einbeziehend und dessen (finanzstarke) Kraft aufnehmend, transformierend und verstärkend zurückgebend.

Eine obere Schale speist überlaufend die untere. Wie im Gedicht läuft das Sein aufragend und niedergehend aus künstlicher Felsenlandschaft.

Verweilen Sie sinnend, staunend und fühlend bei dem steinschleudernden Jüngling auf dem wuchtigen Wasserross und der schönen, lebensstrotzenden Nymphe mit der ausfließenden Wasserschale.

Stehen Sie einfach da, lassen Sie »es« fließen im Rhythmus des auf und nieder gehenden Wassers. Kreativität ist immer ein Fließenlassen, ein herr-

liches Loslassen im besten Sinn. Achten Sie auf das Kribbeln Ihrer Fußsohlen, das sich besonders an diesem Ort bald einstellt.
Gehen Sie dann belebt und innerlich gereinigt hin zum Künstlerhaus. Es steht in unmittelbarer Nähe der ehemaligen Synagoge. Die faszinierende Urkraft von Spiritualität, Gebet und Hingabe ist im weitläufigen Umfeld heute noch überdeutlich spürbar. Betreten Sie den Innenhof des Künstlerhauses. So unscheinbar das Tempeltor zur Opulenz der historisierenden Gesamtanlage sein mag, man ahnt, dass nach dem Durchschreiten der Mauer Besonderes wartet: Genau hier im Innenhof, im Schnittpunkt eines gedachten Linienkreuzes, das die vier Ecken des Areals verbindet, fühlen Sie jenes typische »Heben«, eine Kraft verborgener, hier von Anfang an gedachter und gewollter Wünsche und Sehnsüchte nach Vollendung. Nun können Sie sich einloggen in die erhabenen, ehedem in den Münchner Kosmos weggeschickten Gedanken und Ideen derer, die genau das München werden ließen, wie es bis heute weltweit Geltung genießt – als gefeierte Stadt der Künste.
Alles ist hier Kunst und alles ist gewollt: So antwortet der von Gabriel von Seidl geschaffene Tempelbau der Ästhetik und der schöpferischen Begeg-

nung auf die fließende Energie des Wittelsbacher Brunnens auf der anderen Seite des Platzes.
Das Künstlerhaus wurde von 1892 bis 1900 errichtet für die Bedürfnisse der Künstlergenossenschaft und ist noch heute Ort kunstsinniger Veranstaltungen, die den Geist von damals durchaus nicht nur nachfeiern, sondern stets neu aus sich heraus erschaffen.
Das Künstlerhaus lebt.
Festsäle und Salons, allen voran der große Festsaal, der über die erhabene Treppe im Inneren erreichbar wird, ließen die immer noch berühmten Künstlerfeste vor und um das Jahr 1900 zu und sind noch heute unvergleichlicher Rahmen und stilvolles Ambiente, wenn sich die Nachfolger und Verehrer derer treffen, die zu Recht den einmaligen Titel führten: Künstlerfürst.
Im Jahre 2000 feierte dies Künstlerhaus das 100-jährige Bestehen. In der Festschrift heißt es: »Seit der Gründung des Münchner Künstlerhauses hat Deutschland ein Jahrhundert politischer und gesellschaftlicher Katastrophen und Neuaufschwünge erlebt, die sich auch in der Geschichte des Seidl'schen Prachtbaus niedergeschlagen haben. (...) Der denkmalgeschützte Bau im Herzen Münchens und seine festliche Tradition sind ein Stück Münchner Stadtgeschichte.« Dann enden die Zeilen mit

jener bannenden Evokation, die von Anbeginn das Künstlerhaus prägen sollte: »Nobis et amicis.« Uns und den Freunden.
Hier wird klar: Magie ist Verändern-Wollen, doch eben nicht nur für sich selbst, im Sinne egoistischer Wunscherfüllung, sondern im Hinblick auf das Wohlergehen aller. Die Künstlerfürsten wollten ein öffentliches Haus schaffen, einen Begegnungsort für Künstler und die Gesellschaft. Einen Ort der Lebenfreude und der zeitlosen Schönheit. Das ist ihnen gelungen und Menschen mit einem ähnlichen Geist haben es bis in unsere Zeit erhalten.
Uns und den Freunden.

14
Machtvolle Manipulation

Der Königsplatz

Ein Ort wirkt immer, egal, ob wir uns dessen bewusst sind oder nicht.
Kraftorte sind besondere Stätten, an denen mit dem Ankommenden etwas geschieht. Der Ort verändert, transformiert.
Es *passiert* etwas mit dem, der da ist. Und dies meist stärker, nachhaltiger und seelenergreifender, als sich das der interessierte Kraftortfreund vorzustellen vermag.
Kraftorte, Thingplätze, heilige Stätten werden seit Urzeiten zur Heilung und Bewusstwerdung benutzt. Schwarzmagier wissen, dass an diesen besonderen Stätten auch Massensuggestion möglich ist und dass Manipulation dort besser funktioniert als anderswo.
Die Mächtigen aller Zeiten haben ihr geomantisches Wissen – oder das ihrer Magier, Priester, Weisen – sehr bewusst eingesetzt. Die niemals vollständig entschlüsselbaren Phänomene der ägypti-

schen Pyramidenbauten oder Keltenschanzen geben beredtes Zeugnis.
Solche bewusst die Erdkraft überhöhenden und kosmische Energien ableitenden Bauten wurden zudem absichtlich so gesetzt, dass sie den Bezugspunkt von Großraumlinien bildeten.
Der Grund für sämtliche energetischen Zweckbauten überall auf der Welt ist stets der gleiche: Macht!
Betreten Sie nun den Königsplatz in München. Hier spüren Sie die Kraft des Ortes an jedem beliebigen Punkt, denn die Nymphenburger und Briennerstraße bedeuten eine klassische Drachenlinie. Auf dieser schnurgeraden Energielinie liegen die Kaskaden des Nymphenburger Schlossparks, der Rotkreuzplatz mit dem pfählenden Turm der Schwesternschule, der Stiglmaier- und eben der Königsplatz, von hier bereits sichtbar der Obelisk, dann der Diana-Tempel des Hofgartens – schließlich die magische St.-Anna-Pfarrkirche im Lehel.
Ein Blick auf den Stadtplan genügt, verblüfft – und entsetzt!
Durchschreiten Sie die Propyläen, jenes monumental-klassizistische Krafttor (griech. Propylaion bedeutet Torbau). Schon von Anfang an war es als Schleuse der Kraft und des Energieflusses gedacht.

Ludwig I. hatte seinen Architekten Klenze beauftragt, das enorme Wissen der Antike hier wirksam werden zu lassen. 1817 konzipiert, erst 1862 vollendet, erfüllte der Platz zu jeder Stunde seine Aufgabe.
Im Dritten Reich wurde der Energiefluss bewusst durch zwei heute nicht mehr vorhandene Ehrentempel hochtransformiert, die am östlichen Ende die heute durchlaufende breite Straße, also die hochwirksame Energielinie flankierten.
Hitlers Architekt Troost wollte hier einen Anspruch auf die Ewigkeit verwirklichen und für einen feinsinnigen Menschen ist dies in erschütternder Weise heute noch spürbar.
Die nahe liegenden Bauten oder Umbauten (»Braunes Haus«) gehören zu diesem Gesamtkonzept, wir wollen uns jedoch auf den Königsplatz konzentrieren.
Sie erschreiten sich die Propyläen, öffnen das Tor – in Ihrem Inneren. Sie spüren: Kraftfluss, Antike, immer schon Macht. Steigen Sie die Stufen hoch, suchen Sie im Inneren des magischen Großtores die Stelle, die für Sie am meisten wirkt. Achten Sie auf alles, zum Beispiel zum Königsplatz hin, also im Osten, das seltsame Rundpflaster, es schließt den entscheidenden Teil einer unsichtbaren Kraftsperre hermetisch ab. Setzen Sie

sich auf eine der Stufen, nehmen Sie Platz auf einem der Simse. Lassen Sie die Steine sprechen. Welche Stimmen hören Sie?

Dann positionieren Sie sich so, dass Sie bis zum Obelisken sehen können.

Blicken Sie nach vorn, nach Osten, wo am anderen Ende des Platzes zur dunkelsten Zeit Deutschlands die beiden Tempel standen. Vor diesen Tempeln befanden sich 33 Meter hohe stählerne Masten, die kupferne Adler als Hoheitszeichen trugen.

Stellen Sie sich das alles vor und imaginieren Sie, welche Kraftströme hier aktiviert worden sind.

Und dann schreiten Sie den Königsplatz ab.

Beginnen Sie zur Linken mit der Glyptothek, Klenzes Meisterwerk. Traumhaft zeitverlorene Energien im Inneren oder auch auf den Grünanlagen hinter dem Bau. Zumeist rechtsdrehende Energien. Ein Areal der Muse und Reinigung, an dem die spätere Besetzung mit Aufmärschen und Massenkundgebung fast spurlos vorbeigegangen zu sein scheint.

Wenn Sie dann allerdings die Straße überqueren, also sich gen Süden wenden, ändert sich alles. Beginnen Sie mit der Antikensammlung, gehen Sie mit bewussten Schritten die 23 (!) Stufen des monumentalen Ziebland-Tempels langsam nach oben.

Dann achten Sie, auf oberster Stufe stehend, auf Ihre Gefühle: erregend, beängstigend, kalt und warm zugleich. Eine liebenswerte Auflockerung geben zur Sommerszeit Studenten, die hier und auf den Stufen der gegenüberliegenden Glyptothek Mußestunden verbummeln.
Östlich dieser Antikensammlung, also ganz in unmittelbarer Nähe der Tempel, wabert die Kraft unbändig. Hier laden, nahe einer Grünanlage, schattige Bänke zum Verweilen.
Tun Sie es. Die Energie dreht hier nach links. Neben dem wunderbaren Blick auf den Gesamtkomplex fühlen Sie vielleicht eine aufwühlende Unruhe – Sie wissen jetzt, warum!
Schwingung, Magnetismus, Kraftfluss, unbenennbare Kräfte sind hochwirksam! Seele und Körper obliegen vorhandenen Gedankenformen, die schon lange da sind. Wenn Sie sich an einen magischen Ort begeben, klicken Sie sich ein – in den Kraftfluss, auch in den Fluss der Dinge, ebenso in das Ahnengedächtnis. Und eben auch in sämtliche Rituale und guten oder bösen Absichten, die hier irgendwann gewollt waren.
Kühne Überlegung: Wenn dies schon ein Platz der Manipulation ist, warum manipulieren Sie sich nicht selbst? Beherrschen Sie Ihre dunkle Seite, werden Sie Herr, Herrscher über Ihren Schatten.

So können Sie die eigenartige Aufladung des Königsplatzes für sich persönlich umpolen.
Ich persönlich muss immer hinaus in die freie Natur, wenn ich den Königsplatz besucht habe. Ohne irgendeine Art der Reinigung sollten Sie den Besuch dort niemals beenden. Und selbst wenn Sie nur eines der so beliebten Open-air-Events besuchen: Vorsicht! Nach all dem oben Beschriebenen wissen Sie, dass der Platz noch immer seine Wirkung hat.

15

Schicksalskraft

Der Nornenbrunnen

Wir stehen vor dem Nornenbrunnen am Maximiliansplatz. Er wurde 1907 nach einem Entwurf von Hubert Netzer im Jugendstil errichtet. Seine eigenartige und unbestimmbare Magie, Rundform, Fließkraft und Dunkelheit faszinieren und verunsichern. Jeder spürt: Dies ist mehr als ein Brunnen. An den drei Ecken stehen die germanischen Schicksalsgöttinnen Urd, Verdandi und Skuld.

Wer sich mit magischen Orten beschäftigt, der weiß, dass es fast immer weibliche, urweibliche Energie ist, die den starken Platz ausmacht.

Kein Wunder, denn es ist die Kraft der Erde.

Und aus der Erde sind wir gekommen, zur Erde kehren wir zurück: Erde, Gaia, Urmutter.

Das Weibliche wird oft wie hier die germanischen Nornen dreifach dargestellt. Ebenso zum Beispiel die drei Beten, die drei Jungfrauen, die drei Jungfrauen von Leutstetten. Anna Selbdritt ...

Begann nicht sogar der Trojanische Krieg, weil ein Mann (!) sich zwischen drei Frauen falsch entschied?

Der Nornenbrunnen, der Brunnen der Schicksalsgöttinnen, ist der weiblichste Brunnen Münchens.

Er steht am Maximiliansplatz, in unmittelbarer Nähe zum Wittelsbacher Brunnen und dem Künstlerhaus (siehe Seite 78). Es ist sinnvoll, den Nornenbrunnen von diesen wirkmächtigen magischen Orten aus zu besuchen oder aber vom unweiten Obelisken oder gar Königsplatz (siehe Seite 84) her.

Nun bleiben Sie stehen und lassen das magische Rund des weiten Brunnenbeckens auf sich wirken.

Drei Frauengestalten, die energetisch durchaus dunkel wirken und gleichzeitig unbestechlich in ihrem Wissen der Kräfte, für die sie stehen. Drei kleinere Rundbecken werden aus dem großen Meer des Seins gespeist, drei Ausflüsse, dreimal plätschert das Wasser aus der gebenden in die aufnehmende, bereite Schale. Geben und Nehmen.

Umrunden Sie den dunklen Stein der gesamten Anlage. Hören Sie auf die Botschaften der Schicksalsfrauen, die in Ihnen auftauchen.

Urd heißt »das Gewordene«, Verdandi »das Werdende« und Skuld »das Werdensollende«, das heißt, sie verkörpern Vergangenheit, Gegenwart und Zukunft.
Sie wohnen an einem Brunnen (!), dem Schicksalsquell, aus dem sie die heilige Weltenesche Yggdrasil begießen, und lenken die Geschicke der Menschen, indem sie die Fäden des Schicksals verweben. Das Schicksal ist unabwägbar und so bringen die drei Heil und Unheil.
Gehen Sie um den Nornenbrunnen, verbinden Sie sich mit Ihren eigenen Schicksalsfäden. Wie sind Sie zu dem geworden, was Sie sind? Was soll werden in Ihrem Leben?
Der Nornenbrunnen ist ein idealer Ort, um sich den Standpunkt im eigenen Leben wieder klarzumachen und »das Werdende« zu fühlen.

16
Energiegeladene Bilderhallen
Die Alte Pinakothek

Was wäre neben Religion und Ritus besser geeignet, die Welt hinter der Welt zu finden, als Kunst, die ewige Sprache des kollektiven Unbewussten? In München war die Kunst schon immer zu Hause. Und wer sich auf die Münchner Bilderwelt wirklich einlässt, der kann erfahren, dass Kunstwerke auf tiefen Seelenebenen mit uns kommunizieren.

Sicherlich ist es kein Geheimnis, dass zu einem wirklichen Kunstwerk mehr gehört als nur Technik, Malgrund, Schule, Tradition; dazu das Auf- und Ableben einer Mode, Innovationsgeist, schließlich Ästhetik, Bildeinteilung, Goldener Schnitt und vieles mehr.

Wahre Kunst ist etwas Unbenennbares. Es gibt immer ein faszinierendes Etwas, das ein bestimmtes Bild über die Masse der anderen und über die Jahrhunderte hervor- und hinweghebt. Doch das wissen Sie selbst.

Im Kapitel »Magie zum Wohle aller« haben Sie bereits das Künstlerhaus, die Allotria und Münchner Künstlerfürsten kennengelernt. Allein die Spannung: Hier die Bohemiens, darunter durchaus auch innovative Genies, zumeist aber unerkannte Hungerleider mit höchstem Selbstanspruch – und daneben und bis heute leuchtend die selbstherrlich regierenden, eine gesamte Münchner Kunstszene dominierenden Künstler-»Fürsten« wie Lenbach, Stuck, Hildebrand.
Hildebrand hat für den Grafen Schack die großen Techniker der klassischen Malschulen kopiert und damit seinen genial-epigonenhaften Rembrandt- und Rubens-Stil des Lasierens, des Übereinanderlegens durchscheinender Farbschichten und des berühmten »Aus dem Dunkel heraus«-Arbeitens entwickelt. Wie oft wird er dazu in den Räumen der damaligen (einzigen) Pinakothek gesessen sein?
Tun wir es ihm nach. Sie werden sich bereits beim Hinpilgern an die Stätte der Kunst wundern, wie viele »gute Orte« den Weg säumen. Fahren Sie also keineswegs mit dem Auto zur Pinakothek, Sie finden so gut wie keinen legalen Parkplatz.
Ideal wäre der Fußweg vom Königsplatz (siehe Seite 84) zur Alten Pinakothek.

So schön und hebend große Kunst sein mag, sie hat immer irgendwo mit Macht zu tun.
Ludwig I. indes nutzte diese Macht so, dass sie auch dem Münchner Volke zugute kam – und kommt. Der imponierende hohe, lang gestreckte, durchaus monumentale Bau der Alten Pinakothek, von Klenze geschaffen, mit der beeindruckend dunklen, ehrfurchtgebietenden Ziegelmauer steht auf einem belebenden magischen Areal mit stets wechselnder energetischer Drehrichtung. Man fühlt sich dort wohl, trotz der umtosenden Stadt. Was Wunder, dass die Münchner alle Wiesenflächen um den Bau, vor allem auf der Südseite, von Anfang an für Picknick und Freizeit nutzten?
Es ist eben die spirituelle Energie von Kunst und Geist, die auch außerhalb der Sammlungsräume spürbar ist. Bis zum Bau der Pinakothek der Moderne fand Zirkus Roncalli hier seinen Zeltplatz, weil eben das gesamte Areal Kunst, Geist, Muse, auch Spaß und Humor fördert. Gehen Sie hin zur Alten Pinakothek, betreten Sie die Aura des Klenze-Baues, wenn Sie Ideen suchen!
Die Pinakothek ist wie ein Prismenglas des Kunstsinnes im »Kraftfeld München«. Ihren Ursprung nahm sie mit den Historienbildern Wilhelms IV.,

die dieser zahlreich in Auftrag gab. Später erwarb Maximilian I. Werke Albrecht Dürers, Maximilian II. wiederum erwarb einige der berühmten Holländer und Flamen. Und natürlich König Ludwig I., der ließ durch zahlreiche für ihn tätige Kunstagenten wunderbare Meisterwerke aufkaufen.

Dies nur als historische Eckpfeiler, denn wichtig ist uns schließlich nicht historisches Wissen, sondern eine neue Erfahrung.

Sie haben die Pinakothek durch den heutigen Haupteingang von der Nordseite her betreten und finden sich in einer monumentalen Kassenhalle wieder. Stellen Sie sich in die Mitte, auf den Schnittpunkt der gedachten Raumdiagonalen! Achten Sie auf die Schwingungen, die Resonanz. Der Raumklang ist für ein Gebäude äußerst entscheidend, Liebhaber mystischer Kirchenbauten wissen das.

Beobachten Sie sich selbst, Ihre Psyche, Ihren Körper. Die eigenartig gespannte Erwartungshaltung resultiert nicht nur aus der Vorfreude auf Dürer, da Vinci, Altdorfer oder Rembrandt … es ist *der Ort*, der Sie längst mitgenommen hat.

Mitgenommen wohin? Das wird meist erst viel später klar.

Und dann die Treppen. Von Döllgast nach dem

Krieg genial von der Barerstraße her erschlossen, ist die monumentale Jakobsleiter nun von der Haupthalle her zu begehen.
Sie müssen sich anstrengen, um in den Himmel der Ästhetik zu gelangen, und hinterher müssen Sie wieder hinunter – wie wunderbar durchdacht.
Schreiten Sie nach oben. Diese Treppe öffnet Ihre Seele. Dazu muss das leider immerzu viel zu aufgeblähte Ich, das Ego zurücktreten. Wehren Sie sich nicht, werden Sie klein, denn was Sie oben in den stets kühlen Hallen der Schönheit erwartet, ist Dienst am Höchsten. Ästheten sind zumeist auch hochbegabte Energetiker, echte Maler meist Wissende: Magier.
Dies soll nun kein Führer durch die Sammlung sein, sondern ein energetischer Leitfaden:
Sehen Sie also die Haupttrasse durch das extrem lange Gebäude einmal anders: als Schlangenlinie, als Drachenpfad, der sich stets vom Imago der Bilderwelt speist und an den Besuchern neu auflädt oder Energien abgibt, je nachdem, wie »bewusst« der Besucher durch die Bilderhallen schreitet.
Es gibt einen zentralen Raum, der rechtwinklig vom Zugang zu den Kabinetten gekreuzt wird und ein riesiges »T«, also auch die energetische

Urkraft zweier rechter Winkel und folgerichtig dreier davon ausgehender Linien ergibt. Dieser architektonische Kraftort ist von wesentlich mehr Licht durchflutet als all die anderen mit berühmtesten Meistern bestückten Räume des kunstheiligen Weihehauses: Saal VII.
Ist es Zufall, dass dieser Schnittpunkt aller Führungslinien des Klenzebaues die heilige Zahl Sieben trägt?
Und was finden Sie hier im Saal sieben der Alten Pinakothek? Soll ich Sie neugierig machen? Es ist der Rubens-Saal mit den weltbekanntesten Monumentalbildern des Meisters.
Welt hinter der Welt.
Sehen und fühlen Sie den Raum als magischen Ort, empfinden und erleben Sie ihn nach neuen Gesichtspunkten.
Die Drachenlinie, also die energetische Hauptführungslinie, verläuft mittendurch und wird nur vom hohen, rundbogenüberhöhten Zugang zu den Kabinetten rechtwinklig berührt. Die extrem linksdrehende Energie in der Mitte des Raumes hat auf fast allen Bildern des flämischen Meisters ihre Entsprechung – oder wird dort verursacht? Der Geist verursacht die Wirkung, den spürbaren Niederschlag.
Links hängt der klassische »Engelssturz«. Hier

wird wieder einmal, ganz im Sinne der Gegenreformation, so richtig aufgeräumt. Michael steht dominierend auf dem Schwanz des Drachen (pfählt also die Urkraft der Mutter Erde) und dies Erdig-Materielle löst sich nach unten im wahrsten Sinne des Wortes in Luft auf. Rubens hat genial mit seiner überlegenen Mal- und Lasurtechnik das atmosphärisch-ätherische Element »Luft« der Wucht der Materie, der Begierde (des Weiblichen?) entgegengestellt.
Achten Sie nun nur auf Drachen-, also Erdenergien im Raume sieben. Fällt Ihnen auf, wie vieles sich linksherum dreht und windet? Sehen Sie das Ihnen gegenüber hängende Bild »Die Krönung der Tugendhelden« (1613/14).
Eine geflügelte Viktoria verwindet linksherum den durchscheinend gemalten, sinnlich-nackten Körper, ganz so wie bei einer gewagten Schlittschuh-Pirouette. Und genau mit dieser gewollten Linksbewegung setzt sie dem Tugendhelden die Krone auf. Besuchen Sie auch im nächsten Saal das Höllensturz-Gemälde des flämischen Meisters. Spätestens dann wissen Sie für immer, was Gut und Böse ist. Rubens-Kenner genießen den »Großen« und den »Kleinen« Höllensturz. Bei beiden Bildern speit der Himmel in einer kaum zu überbietenden dialektischen Dramatik jene

Bedauernswerten aus lichter Höhe nach unten, die nicht begreifen konnten, was wahrer Glaube ist.
Passen Sie beim staunenden Betrachten der beiden Bilder wieder auf, wie zahlreich sich Linksdreh-Bewegungen der Abstürzenden wie zufällig ergeben. Gibt es Zufälle?
Schon bei geringem Nachdenken wird der Doppelsinn der Bilder deutlich: Da ist der damalige politische Hintergrund im Dienste der Gegenreformation, da ist jedoch auch unübersehbar die Freude an der Darstellung von Fleisch.
Machen Sie sich eine Freude damit, indem Sie versuchen, auf einem der Bilder etwas zu entdecken, was noch keiner vor Ihnen bemerkt hat. Vielleicht decken Sie dazu ein Auge ab oder springen von einem Auge zum anderen. Sehen lässt sich üben.
Bilder bewegen die Luft. Bilder sind geistige Energie und Energie folgt der Aufmerksamkeit. Die Energien hier sind von Malern und Architekten am rechten Ort gesetzt, sie nähren sich beständig von der Lebenskraft der Betrachter – und geben aufgesaugte Kraft zurück. Ich logge mich ein in das Spiel der Energien und erkenne, dass der Geist des Imagos die Magie des Rubens-Saales ausmacht.

Gleiches gilt selbstverständlich für alle Säle, die Energien wechseln ständig, sie wechseln mit Bild, Geist und zeitlosem Wollen des betreffenden Künstlers.

17
Kraftplatz des wahren Seins

Der Hubertusbrunnen in Gern

Eine der schönsten Energielinien Münchens verläuft durch den Nymphenburger Schlosspark: von Schleißheim über den Kanal immer östlich, sich verstärkend auf der Pasinger Seite der Schlossmauer; dann über die Kaskaden und durch (!) Schloss Nymphenburg mitten hindurch, die beiden Auffahrtsalleen entlang bis zum ›Topf‹ mit dem Hubertusbrunnen. Der Brunnen gilt als Meisterwerk des Historismus und ist dem Prinzregenten Luitpold gewidmet. Zwischen 1903 und 1907 von dem bekennenden Ästheten Adolf von Hildebrand geschaffen, stand er ursprünglich vor dem Bayerischen Nationalmuseum an der Prinzregentenstraße. 1937 (!) wurde er dort abgetragen, seit dem Jahre 1952 steht er da, wo er steht, an einem magischen Ort weiblicher Urenergie. Ganz nahe in der Taxisstraße befindet sich das Mütterheim des Roten Kreuzes. Hier kamen und kommen die meisten Münchner Kindl auf die Welt.

Genau richtig!
Diese Tempelanlage mit dem steten Dämmerlicht im Inneren, bei dem Architektur, Skulptur und Landschaft so harmonisch ineinanderfließen, ist ein besonderer Kraftort. Das gesamte Areal fängt Sie bereits ein, wenn Sie sich auch nur nähern. Kein Wunder …
Sie sollten den Hubertusbrunnen deshalb am besten ergehen und nicht mit dem Auto direkt hinfahren, sodass Sie neben dem Zauber der erlebten Ortskraft auch verstehen und spüren lernen, wie eine Kraftlinie, wie solch ein Wunderweg wirkt.
Ideal wäre, am östlichen Schlossrondell das magische Stadtwandern zu beginnen, sodass die wechselnden Kräfte von Wasser, Licht, Erde und Luft ideal in Ihre Seele dringen. Wenn Ihnen dies zu viel Wegstrecke ist, beginnen Sie am besten bei der Gerner Brücke.
Stellen Sie sich in die Mitte dieses venezianisch anmutenden, sanft geschwungenen Bauwerks über den Kanal: Sie sehen nun im Westen die Schlossanlage, im Osten den Hubertusbrunnen.
Diese Gerner Brücke ist übrigens ein klassischer Ort der Liebe, denn das Zusammenspiel der Kräfte, es verbindet. Auch die Seelen. Beobachten Sie die vielen Paare bei schönem Wetter!

Dann gehen Sie zielstrebig zum Kessel weiter. Kein seelentieferer Ort soll in München zu finden sein. Die Fließkraft das Wassers wird durch die beiden Auffahrtsalleen noch überhöht.
Der gesamte, kuppelgekrönte Tempel thront auf erhabenem Plateau, das von idyllisch gelegenen Bänken gesäumt ist. Nehmen Sie im Süden Platz, genießen Sie den Ort – und sich selbst. Denn hier gewinnt jeder Zutrauen!
Und dann zelebrieren Sie sinnend den Rundgang um das magische Bauwerk. Der Brunnentempel, ein Meisterwerk des Historismus, innen mit rundbogenüberhöhter Wasserschale, weist an allen vier Ecken überlebensgroße Bronzefiguren des Bildhauers Adolf von Hildebrand auf.
Die vier Figuren von hoher spiritueller Aussagekraft stehen in runden Apsiden, vor denen je ein rundes Brunnenbecken den gurgelnden Lauf der Wasser aufnimmt.
Die vier Figuren und ihre Symbolik und Allegorie sind kein Zufall: Im Südwesten beginnend, dabei linksherum schreitend, finden Sie den Jäger mit geschultertem und erlegtem Hirschen, dann Diana mit dem Speer, es folgt der Bogenschütze (Krieger) und im Nordwesten das Kräuterweib, die Hexe, die an manchen Tagen von weisen Frauen mit Bändern geschmückt wird.

Übrigens: Diana, die energetisch der Marienfigur ähnelt (siehe Hofgarten-Diana-Tempel) findet sich auch als Abguss an der Nordseite des Hildebrand-Hauses in Bogenhausen, wo der Künstlerfürst und Allotrianer lebte.
Und die Energien? Im Süden, zwischen Jäger und Diana, zwischen zwei Jägern also, wirken sie belebend. Ich sitze oft hier, eigentlich schon mein ganzes Leben (Kindheit eingerechnet), und »jage« Ideen nach – eine männliche, positive Stelle.
Ganz anders im Osten und Norden: Beim Schützen und bei der Hexe werden die Energien erdend, weiblich und man übt sich im Zulassen, verhält sich passiv, rezeptiv, eben weiblich.
Und im Westen! Licht und der Blick zum Schloss. Die Altarstelle. Hier finden Sie Gott, Maria, Diana, Wotan, die Natur, Sonne, manchmal den Vollmond ... eigentlich jeden positiven spirituellen Sammelbegriff, dem Sie huldigen wollen: Seien Sie immer offen, nie dogmatisch!
Nun setzen Sie sich auf die breiten Stufen der Westseite, lehnen sich an den angewärmten Stein oder das kunstvoll geschmiedete Eisengitter, hinter dem im steten Halbdunkel der Hubertushirsch durchdämmert. Sie haben nun eine wunderbare Zentralperspektive hin zum Schloss Nymphenburg, den »Durchblick«. Schauen Sie einfach in

Richtung Schloss, schauen Sie möglichst ziellos, öffnen Sie Ihren Blick – seien Sie im wahrsten Sinne gedankenlos.
Hören Sie im Sommer, wie der Wind die Lindenblätter ringsum streichelt, beobachten Sie die Wolken, Sie werden oft einen linksdrehenden Wolkenkreisel beobachten, genau über dem Kanalkessel.
Zeit ist hier bedeutungslos, hier ist nur reines Da-Sein.
Menschen in grauer Vorzeit, Menschen in paradiesischer Unschuld kannten nur das reine Sein, nur das Jetzt und es gab noch nicht Gut und Böse.
Erst das Ich, erst die Bewusstwerdung und der Sündenfall brachten die Zersplitterung, den Riss, brachten auch das Bewusstsein des Todes – und den zerstörerischen Drang, die Natur zu beherrschen.
Der Hubertusbrunnen ist ein Quell des unschuldigen Da-Seins, der Besucher zurückführt in den Schoß der Urmutter Erde! Dieser magische Brunnentempel ist wegweisend.
»Seien« Sie, existieren Sie, ohne Wunsch und Wollen, schauen Sie blicklos auf das stille Wasser oder in Richtung Schloss. Was bedeutet »das Schloss« als Topos im Märchen, im Mythos und

in der Sage? Öffnet sich Ihnen das innere Schlosstor?

Finden Sie an dieser magischen Stätte zwischen Himmel und Erde zurück zu sich selbst, zurück zum wahren Sein.

18

In der Zwischenwelt

U-Bahn-Station Westfriedhof

Der Abstieg hinunter in die U-Bahn ist wie ein bewusster Gang in die Zwischenwelt. Diese wollen wir nun erkunden: die U-Bahn-Station am Westfriedhof.

Der wunderschöne, jugendstilverträumte Münchner Westfriedhof liegt an der Fluss- und Energielinie Rotkreuzplatz, Hubertusbrunnen (siehe da; Kreuzung mit der Kanal- und Schlosslinie), Waisenhausstraße. Die wissend gestaltete U-Bahn-Station ist ein Tor zur Anderswelt.

Zunächst, ausnahmsweise, ein zur Vorsicht mahnender Vorspann.

Auf Führungen betone ich stets, es gebe wohl keine negativer wirksamen Plätze in der Stadt als die U- oder S-Bahn-Strecken.

Die enorme Zahl derer, die im lebenssaugenden Bereich U- und S-Bahnhof den schlimmsten aller Spontanentschlüsse gefasst haben, beweist, was ich meine. Mehr noch: Diese Energien bleiben bestehen, gefangen. Unerlöst! Und hier auf den U-Bahn-Trassen und Bahnhöfen haben Sie als harmloser und nichts ahnender Passant diese Energien sozusagen zwangsweise als ungewolltes Reisegepäck. Kurz: Sie bekommen als Fahrgast alles mit, was hier seit der Eröffnung der ersten Linie passiert ist. Das bedeutet eine ganze Menge.

Ich kann mir denken, dass die gewaltige Verletzung der Mutter Erde (Gaia), wie sie der Bau und die Anlage einer unterirdischen Röhrenbahn darstellt, diese Energieformen mit evoziert. Nicht nur in München. Also Vorsicht, schützen Sie sich, am besten durch ein Gebet.

Nun jedoch zu einem äußerst positiven Gegenbeispiel. Dies ist der 1998 weise und hochspirituell gestaltete U-Bahnhof der Linie U1: Haltestelle »Westfriedhof«.

Dieser Bahnhof ist so schön und seelenwirkend, dass es sich lohnt, dorthin zu fahren.

Noch besser: ein Spaziergang vom Hubertusbrunnen her kommend (siehe Seite 102). Sie haben dann die lebendig weibliche, Leben spendende Energie des Kanalkessels und des dort wissend positionierten Hubertusbrunnens bereits in sich.

Wenn Sie sich also von der Waisenhausstraße her nähern und das Filetstück Münchens, den Stadtteil Gern (Gern: Nomen est omen!) am Nymphenburger (dem späteren Biedersteiner) Kanal überqueren, dann taucht bald das helle ockergelbe Kuppelgebäude der Westfriedhof-Aussegnungshalle auf.

Der Bau hat etwas von einem Gralstempel und einer morgenländischen Moschee zugleich; wenden Sie sich nun nach rechts und Sie sehen in einiger Entfernung, als modernes Gegengewicht zu dem ruhenden Frieden des Gottesackers und seiner feinfühligen Bauten, den Fernsehturm und den viel umstrittenen Hochhaus-Neubau »Uptown Munich«. Nebenbei: Beide Türme sind gewaltige Pfählungen der Erdenergien – garantiert am falschen Platz!

Vor Ihnen erscheint dann, unmittelbar neben der gelben Friedhofsmauer, das bekannte blaue U-Bahn-Logo, daneben der kleine Glastempel des Eingangs.

Treten Sie ein. Treten, nein, schreiten Sie wie in ein würdiges sakrales Gebäude, mit derselben offenen Haltung, mit der Sie die Kirche besuchen. Beschreiten Sie diesen Abstieg sehr bewusst, sehen oder nutzen Sie die unterirdischen Brücken wie die »Brücke der Königin« (puente la reina) auf dem Jakobsweg. Die Ankunft im Gleisbereich wird Sie allemal positiv überraschen.

Nach den bewusst konzipierten Zwischenwelten des Glas- und Treppenbereiches finden Sie sich in einem vielfarbigen mystifizierenden Lichtdom wieder.
»Der Bahnhof Westfriedhof ist gekennzeichnet durch imposante Außenwände, die in Form von gefrästen Schlitzwandelementen entstanden sind«, liest man bei *www.ubahn-muenchen.de*.
Der hinreißend archaische Eindruck dieser Wände, die an den magischen Nagelfluh erinnern, entstand eher zufällig, wurde dann von wissenden Bauleuten erkannt und so belassen. Ursprünglich war nämlich an eine schützende Glashaut gedacht. Nun leuchten diese Tempelwände wie aus sich selbst heraus in fein fluoreszierendem, lockend magisch-blauem Licht der Ewigkeit.
Überdimensionale Lichtkuppeln reihen sich die Länge des Bahnsteigs entlang, sprechen eine kabbalistische Farbenwertsprache, dringen immer tiefer in Ihre Tiefenschichten.
Blau, Rot, Gelb. Sie müssen selbst unter den kräftigen Leuchtkuppeln stehen und dabei stets dem eigenartig fernen Blau der naturfelsigen Wände ausgesetzt sein, um zu fühlen, was dies hier für ein Platz ist.
Bald finden Sie Ihre Stelle – und geraten in Trance. Alles schwingt, raunt, brummt; einfahrende Züge

tun das ihre dazu. Diese U-Bahn-Station ist ein bewusst gestaltetes Zwischenreich: nie bedrückend, immer aufbauend. Eine feierliche Welt unter der Welt, die denjenigen trösten mag, der hier im Bereich des Friedhofes des Trostes bedarf; eine Tempelwelt, die denjenigen zentriert und erdet, zu sich kommen lässt und in tiefen unbewussten Schichten anspricht, der den Ort bewusst wahr-nimmt.

19

Magische Kräfte der Natur

Pan im Nymphenburger Schlosspark

Der Nymphenburger Schlosspark und dessen kabbalistisches Wege-System ist ein Einweihungs-Suchspiel, überall finden sich sehr bewusst gesetzte Symbole und Zeichen, tausend versteckte Hinweise, wobei einer auf den nächsten deutet.
Dieser Irrgarten uralter Sehnsucht präsentiert sich zu jeder Jahreszeit als genial inszenierte Abfolge von Bildern, Gemälden, Imagos eben, die real vor Ihnen auf- und abtauchen.
Die Anlage aus Wasser, Luft, Erde, Feuer und Äther ist sehr bewusst gestaltet, nicht nur von Mcistern der Garten- und Landschaftsarchitektur, sondern von Magiern. Die vordergründige Lieblichkeit eines Spaziergangs hier wirkt unter der Oberfläche bewusster Wahrnehmung weiter. Das ist gewollt. Für mich ist dieser Park Tempelbezirk alten Wissens.
Energie folgt immer der Aufmerksamkeit. Und Aufmerksamkeit, bei einem wach-bewussten Men-

schen, fließt zumeist dahin, wo ortsgebundene Energie ihr magisches Feld aufbaut und stete Impulse aussendet. Das heißt, worauf Sie Ihr Augenmerk richten – sei dies äußeres oder auch nur inneres Schauen –, dahin fließt Energie.
Am Weg von der Badenburg nach Norden findet sich linkerhand, von Buschwerk umgeben, Pan, der griechische Schutzgott der Hirten – Symbol für die ungezügelten Kräfte der Natur.
Die Bocksbeine lässig und bequem über Kreuz, seine Hirtenflöte blasend, gibt er sich unbeeindruckt von dem, was sonst geschieht. Ihm zur Rechten hockt der Ziegenbock, gehörnt wie sein Meister. Und Pan, der Hirte, der Pastor, der Sinnliche, der Lüsterne, der Erdgebundene, der Verrückte, spielt dem Sinnenden, dem Vorbeikommenden, etwas vor. Eine künstliche Felsenquelle am Fuße des Felsens speist einen Bach – Bild des Urquells.
Ein wenig Vorsicht ist schon geboten bei dieser ironisch-humorvollen, zwischen lieblich, sinnlich, gefährlich, lockend-verlockend und doch wieder die Schöpfung, das Leben, den Eros, damit das Weiterleben verherrlichenden Figurengruppe. Pan ist wohltätig und furchterregend zugleich. Erschreckende nächtliche Laute, die man sich nicht erklären konnte, wurden Pan zu-

geschrieben. Daher auch der Begriff »panische Angst«.

Pan gehört zum Gefolge des Dionysos, dem Gott der Fruchtbarkeit, der sich in ekstatischen Mysterien mitsamt einem Schwarm liebestrunkener Frauen »in stürmischem Lauf« naht.

Nur keine Panik, möchte man da ausrufen, auch nicht in Liebesdingen. Pan ist eine in Kunst, Tradition und Legende unauflösbare (unerlösbare?) Mixtur aus Lüstling, Spinner, Musikant, Fruchtbarkeitssymbol, Unsterblichem, wohl auch einer sinnbetonten Teufelsvorlage.

Dargestellt wird er zumeist mit Hörnern, Bart, Bocksfüßen, Bierbauch und weinseligen Augen.

»Oider Depp«, würde der Münchner sagen.

Doch es gibt auch jugendlichere, knackige Pan-Darstellungen.

Kraftortfreunde wissen längst, dass zu Erntezeiten und bei Fruchtbarkeits-Riten der Teufel nicht weit ist, aus christlicher Sicht Ehrensache.

Pan ist Gott des Waldes, der Weiden und der gesamten Natur. Schutzgott der Hirten und Herden. Satyrn begleiten ihn. Er hat Freude an Musik, Tanz, Fröhlichkeit, Frauen.

Pan liebt das Leben und das Leben liebt ihn.

Verweilen Sie bei diesem dem Leben zugewandten Gesellen. Seien Sie offen, was dieses Imago

im Außen in Ihrem Inneren an Entsprechung hervorruft. An Kraftplätzen zeigen sich oft auch die eigenen Schattenseiten, die integriert werden wollen.
Ich habe den Platz der Pan-Gruppe im Park mit der entsprechenden Stelle im kabbalistischen Baum verglichen: Geburah, die fünfte Sephirah – immer angenommen, die westlichen Kaskaden entsprächen Kether und der Kanal der Mittelachse, dem Lebensbaum.
Gibt es Zufälle? Dion Furtune, die Altmeisterin des Golden Dawn, schreibt in dem Klassiker »Die Mystische Kabbala« im Kapitel zur Sephirah Geburah: »Das Böse ist nichts anderes als Kraft am falschen Ort.«
Also, überlegen Sie nicht zu lange, ob Pan hier Ihrer religiösen bayerischen Erziehung entspricht. Zur Beruhigung: Der offizielle Katechismus der katholischen Kirche, den der gegenwärtige Papst in Fortsetzung der Intention seines Vorgängers hat erarbeiten lassen, trägt als Umschlag und als Rückseitenbild – den Hirtengott Pan!
Im Katechismus selbst wird darauf hingewiesen, dass die Abbildung von einem christlichen Grabstein stamme: »Die Christen verwendeten dies ursprünglich wohl heidnische Bild aus dem Leben der Hirten als Symbol für die Ruhe und das

Glück, das der Verstorbene im ewigen Leben findet« (Katechismus der Katholischen Kirche, herausgegeben von der Deutschen Bischofskonferenz, München 2005, S. 4).
Auch wird auf die Parallelen, Hirte–Christus, Gläubige–Schafe, Melodie der Wahrheit–Flöte, sogar auf den Lebensbaum, unter dem Pan flötet, hingewiesen.
Hier am magischen Ort in Nymphenburg können Sie dies alles selbst erfahren.

20
Weibliche Urkraft

Die Bavaria

Germanische Schönheit! Bei richtiger Sonnenbestrahlung und von der besten Seite aus gesehen, nämlich mit Blick aus dem Südflügel der Ruhmeshalle zwischen den dorischen Säulen hindurch, entfaltet die 18 Meter hohe Dame eine geradezu sinnliche Ausstrahlung. Dann erwacht sie, Meisterwerk der Erzgießereikunst Ferdinand von Millers und Stiglmaiers, zu eigenartigem Leben, denn das Sonnenlicht fängt sich wohlig in den Poren des dunklen Metalls. Die »innere Hitze« der Bavaria lernt nur der kennen, der sie durch die Hintertür des Sockels betritt und die Wendeltreppen linksdrehend bis in ihren »Kopf steigt«.

Von der Aussichtsplattform der Ruhmeshalle lässt die gegossene Dame den allbekannten Frontal-Postkartenblick mit der vermeintlich streng-biederen Frisur nämlich vergessen: Die Bavaria hat ihre unendlich langen Haare zusammengebun-

den; die wilde Mähne liegt lang und wallend auf einem starken Frauenrücken, gleich der Mähne des Löwen an der rechten Körperseite.
Dieses germanisch-ahnenverbundene Sinnbild weiblicher Urkraft haben wir Ludwig Schwanthaler zu verdanken, denn Leo von Klenze stellte sich ein griechisch leicht gewandetes Frauenzimmer vor und König Ludwig I. träumte von einem römischen Monumentalgeschöpf.
Den Kraftortfreund kann dies nur erfreuen, gehört doch der germanisch-keltische Typ am allerbesten zu solch einem Thingplatz bayerischer Ehrhaftigkeit. Und tatsächlich ist das gesamte Areal, mit der dreiflügeligen Ruhmeshalle auf magisch überhöhender Naturterrasse über der heutigen Wiesn energetisch unglaublich aufgeladen – die Gesamtanlage war im Geiste des romantischen Patriotismus durchaus als Tempelbezirk gedacht.
Energetisch betrachtet, erwarten Sie überraschende, die Sinne aktivierende, aber auch fröhlich wechselnde Ortskräfte: abladend, aufladend, links- und rechtsdrehend. Auch magisch-bizarre Stellen wechseln wie die Föhnwolken über dem hoch erhobenen Lorbeerkranz der Landesdame.
Gehen Sie ab der überdachten Wiesn-U-Bahn-Haltestelle auf die Bavaria zu, also diagonal über

den freien Festplatz. Am eindrucksvollsten ist dies, wenn nicht viel los ist, dann können auch Sie sich besser auf sich selbst konzentrieren.
Und dies ist ja auch fast immer möglich, außer zur Wiesnzeit.
Sie schreiten also über den fast menschenleeren Platz. Nur hie und da ein Passant, ein Radler oder Inline-Scater. Ein Täuberich auf dem Pflaster übt gurrend den Liebesdreher.
Spüren Sie die eigenartige Ermüdung? Eine Dumpfheit und Schwere, die sich in Ihnen breitmacht? Obwohl Sie sich in frischer Luft bewegen?
Hier haben Sie ein lebendiges Beispiel für die Besetzung eines Ortes. Denn all das, was sich zur Festwiesnzeit hier abspielt, hinterlässt seine Spuren: ein morphogenetisches Feld aus alkoholisierter, also zumeist künstlicher Freude, aus Hektik und Gruppenzwang und überraschend viel Leid und enttäuschten Gefühlen.
Nebenbei: Das Oktoberfest hat seine Reize, gewiss, doch ein Kraftortfreund wundert sich. Menschen, die sensibel sind und offen für feine Energien, sind bei so viel Masse, Lärm, Licht und Elektrizität einfach erschlagen. Über den leeren Platz zu gehen ist für sie jedoch eine interessante Erfahrung.

Gehen Sie dann weiter Richtung Bavaria, nicht direkt auf die Monumentalstatue auf hohem Sockel zu, sondern betreten Sie jene Wiesn-Straße, die in genau ostwestlicher Richtung verläuft, die senkrecht zur Hauptwirtsbudenstraße steht und somit geradewegs auf die Schwanthaler'sche Statue zuführt.
Denn erst ein bewusstes Sich-Nähern erschließt das Gefühl für die enormen Ortskräfte, die im näheren Umfeld der Bavaria gebündelt sind. Etwa fünf Meter vor dem Beginn der Stufen, die zum Trägersockel führen, ist solch eine Stelle, genau in der Mitte der Straße.
Irgendetwas »klickt« sich ein in Ihr Gemüt. Sie verstehen urplötzlich, was die geistigen und künstlerischen Köpfe der Bavaria im Sinne hatten, als sie das Objekt genau hier planten und aufstellten.
Heben Sie den Blick zu der mächtigen Frau. Sehen Sie mit anderen Augen: Der rechte Arm der berühmten Beschützerin, der mit packendem Zugriff das Schwert über dem Haupte des Löwen hält, bildet eine bekannte Rune für Herrschaft und Obsiegen. Der andere, der linke Arm, hoch über dem Kopf den Lorbeerkranz haltend, leitet die Kraft von oben nach unten, durchquert diagonal die Brust und das Schwert – und zeigt ge-

nau auf die beste Stelle, die Sie suchen und darauf stehen müssen. Nutzen Sie diese gigantische Antenne. Die Mühe lohnt!
Wieder beginnen Sie, ein neues Sehen und Fühlen zu üben, zu leben und zu begreifen. Wie meilenweit ist das, was nun in Ihnen vorgeht, entfernt vom Trara der »greatest party on earth«?
Steigen, schreiten Sie nun sehr bewusst die Freitreppe empor, die schließlich an einem Plateau endet, das den Sockel der Statue trägt.
Sehr bewusst! Schon auf dem ersten Treppenabsatz spüren Sie andere Kräfte als auf der Grundfläche des Wiesnplatzes. Die vornehmen Stufen werden Sie ordentlich ins Schnaufen bringen. Und dies, obwohl Sie fit sind? Eben – ein abladender Ort. Energie wird entzogen, aber eben auch schlechte Energie: Die Stufen sind eine seelische Reinigungsstelle.
Denken Sie daran, wenn Sie sich matt fühlen, welch enorme Kraft des Kosmos die Bavaria von oben nach unten zieht und hier transformiert.
So seltsam es klingen mag: Die Bavaria hat etwas Läuterndes ...
Setzen Sie sich nach dem Anstieg auf die Umlaufstufe zum Sockel. Ihr Sehen geht, ebenso wie der Blick der Bavaria über Ihnen, nach Osten. Unendlicher Friede, Ruhe und Kraft durchströmen Sie.

Wollen Sie nun die Energien an den vier Seiten des Sockels testen? Jede der Seiten weist in eine Himmelsrichtung: Friede und Ruhe im Osten, rechtsdrehende harmonische Energien im Norden, im Süden dagegen ist's quirlig und unruhig, aber extrem aufladend. Und, hinter der Bavaria, im Westen also, herrscht jene stille einladende Kraftform, die jedem Eingang zu einem bedeutenden Bauwerk und jeder Portalseite zu eigen ist.
Nachdem Sie eine Karte gelöst haben, empfängt Sie angenehme Kühle, denn zunächst befinden Sie sich im steingemauerten Sockel.
Eins jetzt schon: Je höher Sie steigen werden, höher steigen in jeder Beziehung, desto heißer wird's, innen in der Bavaria, aber auch in Ihrem Gemüt. Entsprechungsmagie?
Wenn Sie den Sockel nach oben durchmessen haben, sind Sie im Bereich der Füße, des unteren Gewandes und des Löwen. Hier innen wirkt dies alles wie eine urige Höhle, seltsam faszinierend, aber auch verunsichernd, wenn nicht gar Angst machend. Die Abstrahlung und der Magnetismus des schweren gegossenen Metalls – immerhin 1560 Zentner Erz aus untergegangenen Seeschlacht-Kanonen – wirken überdeutlich auf Seele und Gemüt. Dann gelangen Sie in den Kopf der Bavaria, haben sich durch einen engen Stufentunnel gezwängt und

erleben eine sehr, sehr eigenartige Stimmung. Sie sind »oben« und dennoch seltsam gefangen. Die Abstrahlung des Erzes drückt, die Ohren singen, alles brummt in Ihrem Kopf.

»Dieser Koloss von König Ludwig I., König von Bayern, errichtet«, steht da, im inneren Teil des Haarschopfes.

Mit jedem Schritt nach unten wird Ihnen leichter. Dann wieder die Kühle des Sockels. Und dann, das Föhnlicht des freien Himmels.

Und unten, nach jener seltsamen Einweihung in der erzenen Frau, haben Sie völlig neue Gedanken. Die Bavaria ist genau das, was anderswo Marienstatuen ausmacht: weibliche Urenergie.

Beachten Sie den genial mit einbezogenen »Resonanzkörper« dieses Areals, die Ruhmeshalle!

Von Leo von Klenze in den Jahren 1843 bis 1853 als einer seiner edelsten Bauten errichtet: eine dreiflügelige dorische Säulenhalle aus Marmor. Wandeln Sie umher, beschreiten Sie den Ehrentempel bedeutender bayerischer Persönlichkeiten, die sich um ihr Land, um Wissenschaft und Kunst verdient gemacht haben.

Doch lassen Sie sich von den Büsten und deren Geschichte nicht ablenken. Die Energie des Ortes ist entscheidend. Nicht die Ausstattung. Und da, etwa bei der Büste von »Peter Canisius, Gottesgelehrter«, da wird Ihnen seltsam leicht: Hier ist eine hebende, erleichternde, sanft linksdrehende Lebensenergie spürbar.

Peter Canisius allerdings scheint von alledem nichts zu bemerken, er starrt mit weiten Augen geradeaus. Sie sind nun fast am Südflügel der Ruhmeshalle angelangt, von hier aus entfaltet die Bavaria jene eingangs beschriebene, überraschend sinnliche Körperlichkeit. Wahrlich eine germanische Schönheit!

21
Konzentration der Kraft
St.-Pauls-Kirche

Eine immer wiederkehrende Erfahrung an magischen Plätzen quer durch Bayern ist, dass bei Kirchenbauten, die über ausgewiesenen Orten der Kraft errichtet wurden, die entscheidende Stelle außen liegt, nicht innen.
So wirkt bei typischen, postkartenschönen romanischen Dorfkirchen, so genannten »Gottesburgen«, zumeist auf dem das Gotteshaus umgebenden Gottesacker eine weitaus stärkere Energie als jene, die nach dem Eintritt in den Sakralraum zu beobachten und zu spüren ist.
Die Gründe hierfür sind verschieden: Meist stehen Kirchen auf alten Kultplätzen und die ursprüngliche Energie wird im Inneren der Kirche durch den neuen christlichen Glauben überlagert, der nun den alten Kultplatz vereinnahmt. Vor allem aber ist Erdenergie zumeist dann am besten spürbar, wenn der Fühlende selbst auf der energiespendenden Erde steht, also mit beiden Beinen

auf dem gottgewollten Boden der Tatsachen, und dabei das geniale und durch nichts zu übertreffende Dach Gottes über sich weiß.
Die Umgestaltung des Kirchenraumes, als Folge des Zweiten Vatikanischen Konzils, tat ein Übriges, um morphogenetische Felder in Innenräumen der Gotteshäuser vollends zu zerstören, denn Altäre stehen nicht mehr dort, wo sie hingehören.
Seit vielen Jahren schon zieht es mich zu einem kraftstrotzenden und dennoch seltsam liebenswerten Fleckerl Münchens, das immer, wirklich immer, wenn ich da bin, für inneren Frieden, aber auch für machtvolle Erfüllungsideen kühner Pläne steht und jeden Großstadtrummel augenblicklich vergessen lässt: Das ist die Wiesenfläche vor der Ostseite, also der Apsis- oder Altarseite, der Paulskirche. Die von der Landwehrstraße aus weithin sichtbare Apsisrundung der St.-Pauls-Kirche wirkt wie der Grundakkord für das sich anschließende Brunnenareal des St.-Pauls-Brunnens, liebevoll und die Gegebenheiten des Ortes berücksichtigend angelegt unter schattenspendenden Bäumen: direkt im Abstrahlungsbereich der Kirchen-Südseite, wo traumverloren lockend zwischen den Blättern das Maßwerk der neugotischen Kirchenfenster zu sehen ist.

Hier, an diesem mit großer Einfühlungskraft gestalteten Brunnen plätschert, mit der dem Wasser einbeschriebenen Melodie des Seins und mit fließend-einfühlsamer Toleranz gegenüber allen Erscheinungsformen von Glaube und Spiritualität, das Leben spendende Nass zwischen den Füßen des grantigen Verfassers der Paulus-Briefe hervor. Und seltsamerweise: Gerade er, der sich so vehement in den Briefen an die Galater, die Kelten also, gegen den Rückfall seiner Urgemeinde ins Heidnische wendet, der kraftvoll schimpft und mahnt gegen den »Rückfall« zu magischen Riten und naturreligiösem Tun, ausgerechnet der aus dem Saulus transformierte Paulus steht hier auf magischem Ort: gegossen in Erz, aufgestellt auf porösen Natursteinen und dazwischen fließendes Wasser. Welch herrlicher Magnetismus entsteht an dieser Stelle. Paulus aber, würde er lebend hierherkommen, er wäre über die Magie des Ortes wohl entsetzt.
»Es wundert mich, dass ihr so schnell von dem abfallt, der euch durch die Gnade Christi berufen hat, und euch einem anderen Evangelium zuwendet« (1 Gal 6).
Stellen Sie sich an die von Maßwerkfenstern durchbrochene Südseite des zweitgrößten Gotteshauses von München oder setzen Sie sich auf

eine der liebevoll angeordneten Bänke um den Brunnen herum: Sie werden hinterher über eine ungewohnte Kraft und über prickelnden Tatendrang staunen!
Vielleicht leisten Sie sich anschließend noch einen Rundgang Richtung Theresienwiese, betrachten die herrschaftlichen Häuser alter Stadtkultur des Bavariaringes. Sie werden überraschend viele Logen-Zeichen an Eingängen und Hauswänden finden. Und es scheint so, als ob diese gesamte Energie von alteingesessenen Firmen und Zusammenkünften im Umfeld des Paulusbrunnens und der Paulskirche zentriert und transformiert werden. Konzentration der Kraft!
Als Abschluss sollten Sie das mit 97 Metern Turmhöhe zu den höchsten und schönsten Kirchenbauten Münchens zählende Gottesgebäude auch innen besuchen. Ab 1892 hat der geniale Architekt des Neuen Rathauses auf dem Marienplatz, Georg Hauberisser, die mächtige Basilika mit Zweiturmfassade in unmittelbarer Nähe der Theresienwiese geschaffen. Magnetismus und damit Anziehung sind bei diesem magischen Werk aus Stein enorm und für den Fühlenden belastend und befreiend zugleich.
Ist es denn Zufall, dass am 17. Dezember 1960 ein abstürzendes Passagierflugzeug den Haupt-

turm streifte, das Kreuz abriss und an der nahe gelegenen Martin-Greif-Straße auf einen vollbesetzten Trambahnzug stürzte!
Der mächtige Kuppelturm bildet mit den Doppeltürmen der imposanten Zweiturmfassade ein Dreieck. Die daraus resultierende Kraft ist das faszinierende Geheimnis dieses Kraftdomes.
Begeben Sie sich ins Innere, gehen Sie durch die nicht vorhandene, aber energetisch überdeutlich spürbare Chorschranke in den Altarraum (heute eine Art Zweitkirche für kleinere Gottesdienste) und stellen Sie sich in der Nähe des vordersten, des östlichen Altars zentral in die Apsis. Dann spüren Sie, was mit dieser Kirche los ist. Ein wenig unheimlich ist das schon.
Ihr Einweihungstag ist der 24. Juni 1906, Johannistag, ein Tag, der vielen als Symbol steht. Beschließen Sie den Besuch des Kircheninneren am achteckigen Taufstein im südlichen Teil der Vierung. Der lichtdurchwobene Platz ist das kircheninnere Äquivalent zu dem magischen Platz außen mit dem Brunnen. Verharren Sie am Taufstein, denken Sie an Wasser, vielleicht jenes Wasser auf der anderen Seite der Mauer zu Füßen der Paulus-Statue. Und lassen Sie nun in Ihrem Kopf, in Ihrer Vorstellung, die Mauer zerfließen. Eine abenteuerliche Imagination!

Oder lehnen Sie sich, wo es für Sie passend ist und keinen stört, an die Mauer oder an eine der kühlen Säulen. Spüren Sie die Schwingung! Das feine Vibrieren von Stein und Sein ist hier sehr wohl beabsichtigt und nicht immer nur zum Wohle der Besucher. Der gesamte Raum dient als »Sounding board« für Gedankenenergien.

Doch wer erschafft diese Gedankenkräfte – und zu welchem Zweck? Für Wissende ist dieser Bau ein Lehrstück.

Tipp: Wenn die freundliche Mesnerin Ihnen ein schweres Eisengitter aufsperrt, können Sie den Turm linksspindelnd besteigen. Oben ist eine sehr starke Energie wahrnehmbar, falls Ihnen diese nicht gut tut, suchen Sie am besten schnell wieder den Weg nach unten.

22
Der Geheimcode der Schöpfung
Das Elefantenhaus in Hellabrunn

Hellabrunn ist Gottesdienst!
Der Tierpark Hellabrunn liegt eingebettet im Landschaftsschutzgebiet der Isarauen. Er öffnete seine Tore erst 1911 und wurde von einem echten Magier konzipiert: Emanuel von Seidl.
Hellabrunn ist umgeben von magischen Orten: die Wallfahrtskirche St. Anna in Thalkirchen, die Menterschwaige, dazu die inzwischen wieder renaturierten, kilometerlangen Isarauen, eine geheimnisbergende Templerkirche oder einfach die stille Marienklause.
Der Tierpark wurde zum ersten »Geozoo« umgestaltet, das bedeutet, dass die Gehege und Tierarten nach geografischen Gesichtspunkten angeordnet sind. Sie wandeln hier zwischen den Erdteilen: auf diese Weise sind Asien und der Polarkreis nur durch einen Biergarten getrennt. Münchner Kosmologie pur unterm tiefblauen Föhnhimmel.

Dadurch, dass der Auer Mühlbach durch den gesamten Park fließt, gibt es viele Energielinien und Kraftplätze. Einer sei jedoch hervorgehoben: das 1914 eröffnete Elefantenhaus.
Sie suchen ein »spirituelles Zentrum« mitten in München? Magische Rundbogenarchitektur, eine frei tragende Kuppel über dem bannenden Kreis der Beschwörung, einen grenzenlosen, Fantasie fördernden Entfaltungs- und Resonanz-Raum? Gehen Sie ins Elefantenhaus.
Es ist ein Thingplatz der Gedankenkraft, der alles, was hier je gedacht wurde, speichert und transformiert. Dieses alte Wissen können Sie anzapfen, wenn es Ihnen gelingt, mit Ihrer ganzen Präsenz anwesend zu sein.
Gehen Sie sehr bewusst ins Elefantenhaus. Laden Sie sich vorher schon auf, bei allem, was Ihnen auf dem Weg dorthin begegnet. Nichts geschieht zufällig, alles hält eine Botschaft für Sie bereit. Und dann spüren Sie die Kraft, Schwingung und Stimmung vor dem Haupteingang des Seidl'schen Domes, gewahren das Dreier-Motiv der Fenster über dem Tempeltor. Wenn Sie Liebhaber und Kenner von Kathedralen und Moscheen sind, wissen Sie um dies Gefühl.
Lassen Sie sich nicht von den zumeist gut gelaunten Dickhäutern im Elefantenhaus ablenken.

Zugegeben, das ist ganz schön schwer. Denn für den Freund von Schöpfung, Pflanzen- und Tierwelt wird im Elefantenhaus zu viel an wunderbarer Ablenkung geboten. Wer könnte bei einem so süßen Elefantenbaby wegschauen! Oder der Blick, mit dem kleine Menschenkinder zum ersten Mal im Leben einen Elefanten bewusst wahrnehmen!

Achten Sie, so konzentriert wie eben möglich, nur auf die heilige Halle, die Sie betreten haben. Blicken Sie hoch zu der genial inszenierten Rundung der Kuppel: der legendäre Schluss-Stein des Tempels, er ist hier ein weit sich dem Himmel zu öffnendes Oval!

Nehmen Sie alle Geräusche, Töne, auch die schrillen Klangkaskaden, die sich unter der weiten Kuppel brechen, allen voran das überlaute Tröten der Elefantenrüssel, als willkommenen Urton für dieses genial bereitete »Sounding board«, wobei sich einer der schönsten Grundtöne der Schöpfung, der Humor nämlich, ganz von selbst einstellen wird.

Magie hat viel mit Offenheit, mit Inspiration und mit ungewöhnlichen Sicht- und Denkweisen zu tun. Magie ist kreativ, eine Quelle für Ideen – aus denen Einsichten entstehen. Und ein Ort wie das Elefantenhaus, der Ideen und Energien bindet, verstärkt diesen Initiationsprozess.

Und irgendwann mischen sich magische und christliche und heidnische und überflüssige und humorvolle und vor allem liebevolle Ideen zu einem Ganzen – und man ist dem Schöpfer dann besonders nahe. Denn der steht über allem, Gott sei Dank.

Und wo ließe sich der große Schöpfer besser suchen als in einem Tierpark? Im Elefantenhaus fühlt man sich unweigerlich an eine Kathedrale erinnert, an einen magischen Tempel.

Der Benediktinerpater Frumentius, der unübertroffene Seher, notierte in der Schrift »Christi gewaltige Macht«: »Vielleicht wäre es der Mühe wert, der Frage nachzugehen, ob und inwieweit hierzulande in den vielen Kirchenbauten um die Jahrhundertwende außer der Nachahmung früherer Stilformen etwas von den Geheimnissen der alten Bauhütten in die Pläne eingearbeitet worden ist« (Abensberg 1997, S. 80).

Die Frage nach den alten, wissenden Konstruktionsprizipien drängt sich auch beim Elefantenhaus auf, das Seidl in der Zeit von 1910 bis 1914 errichtete und das damals mit der Sensation der ersten frei tragenden Beton-Glas-Kuppel der Welt aufwarten konnte.

Die Schöpfung hat einen in Mystik, Symbol und Lautkörper (!) erfahrbaren Geheimcode. Und genau dem ist hier Boden bereitet; Boden im wahrsten Sinne des Wortes. Schon aufgefallen? »Boden« als Evokation bedeutet klangfarben denselben Laut-Körper wie »Odem«, also dem geheimnisvollen Hauch allen Lebens.

23
Einssein mit dem alten Ahnenwissen

Der Pasinger Dorffriedhof

»Sterben ist die persönlichste Tat des Menschen«, schrieb der legendäre Benediktinerpater Frumentius in seinem geheimen Archiv. Und er fährt fort: »Geheimnisvolles Sterben – aber die Toten leben! Das Sterben ist geheimnisumwittert. Jedes Sterben trägt seinen besonderen Charakter. Es ist die letzte Tat des Menschen, aber zugleich der Beginn seiner Ewigkeit …«

Was bedeutet der Tod für Sie? Was glauben Sie?

In unserer Gesellschaft ist der Tod ein Tabu-Thema. Mit den damit verbundenen Ängsten werden die Menschen in der Regel allein gelassen.

Ein Rundgang auf dem Friedhof hilft, sich den eigenen Standpunkt klarzumachen und vielleicht sogar das eigene Leben und seine Wertigkeiten wieder ins rechte Maß zu setzen.

Jeder Friedhof »erdet«, dennoch ist der alte Pasinger Dorffriedhof ein besonderer, denn hier haben Sie alles, wirklich alles, was den klassischen

magischen Ort ausmacht – und noch viel, viel mehr!
Das sind: Die geheimnisvolle, äußerst wirksame Kraft zweier mächtiger Flusslinien, eines doppelten Drachenpfades und die Kraft und das Wissen der Ahnen, keltischer Ahnen selbstredend. Denn genau auf diesem magischen Areal, südöstlich des Pasinger Friedhofs und bei der heutigen Waldkolonie, fanden sich Hügelgräber, die freigelegt wurden.
Dazu kommen weitere Gräberfunde, an der Planegger Straße, da, wo heute das legendäre Gasthaus »Schweizer Hof« steht. Und bei der heutigen Villenkolonie, nördlich des Friedhofs jenseits der Bahnlinie, fanden sich ebenfalls bajuwarische Reihengräber.
Das Gebiet des Pasinger Friedhofs ist direkt verbunden mit der Würmtalenergie (Würm: Wurm, Schlange, mächtige Energie des Würmsees) hin zum legendären Grab der Seherin bei Leutstetten.
Hügelgräber allgemein, speziell aber die Hügelgräber des Würmtales sind absichtlich auf Kraftlinien angelegt. Genau betrachtet, fließt die Energie vom Würmsee über Leutstetten, Gauting nach Pasing.
Betreten Sie den Friedhof durch den Haupteingang am Haidelweg. Ich persönlich habe bislang keinen aufladenderen Weg gefunden.

Gehen Sie langsam einfach geradeaus, also genau nach Osten, auf einer der heimlichen Münchner Flusslinien. Schauen Sie auf den Stadtplan: Sie gehen theoretisch geradewegs auf den Münchner Marienplatz mit der Mariensäule (der Drachensäule nämlich, siehe Kapitel 1!) zu! Eine Weiterführung dieser schnurgeraden Kraftlinie führt übrigens zum Maximilianeum. Dieser Hauptweg des Pasinger Friedhofs ist ein Denk- und Ideenpfad.
Setzen Sie sich auf eine der Bänke und tun Sie nichts, denken Sie nichts, seien Sie einfach. Irgendwann, bei der ersten Kreuzung, werden Sie euphorisch. Das funktioniert immer. Es liegt an unterirdischen Wasseradern, die allerdings tief liegen, sonst wäre hier kein Friedhof. Immer mehr in Richtung Norden finden Sie auffallend viele Gräber, die angedeutete Keltenkreuze oder versteckte Logenzeichen auf den Grabsteinen tragen.
Der Grabstein: Mini-Menhir, Pfählung der Energie eines sich der Zeit entledigt habenden, transformierenden materiellen Daseins hinüber ins Leichte, Geistige, eben Über-Irdische. Berühren Sie einmal den Grabstein eines Wissenden mit diesem Bewusstsein.
Dann weiter Richtung Norden, bis zur Mauer. Hier finden links neben einem kleinen und ener-

getisch sehr interessanten Mausoleum die Ruhestätte eines Pasinger Mühlenbesitzers.
Eine Mühle ist immer magisch und Mühlenbesitzer sind es auch. Hier an diesem Grab blicken Sie hoch zu der wohl interessantesten Steinplastik des Friedhofs: einem überlebensgroßen, in porösen Stein gehauenen Hamlet, in gewohnt kraftvoll-versonnener Pose den Totenschädel betrachtend.
Finden Sie Ihren besonderen Platz und denken Sie daran: Es spielt durchaus eine Rolle, wie und wo Sie irgendwann einmal beerdigt sind! Denken Sie an den ausgeprägten Toten- und Heiligenkult der katholischen Kirche. Der hat mehr Hintergrund, als Sie zu denken wagen.
Sehen Sie die Energien »von unten«, erkennen Sie den Wuchs der Bäume, die Urkraft des Efeus und die stille Sprache alles natürlich Gewachsenen in der näheren Umgebung. Ziehen Sie gedanklich einen Halbkreis von der Mauer Richtung Süden. Haben Sie je so weiße Birkenstämme gesehen? Warum gerade hier?
Besuchen Sie die Aussegnungshalle an der nordwestlichen Seite des Friedhofs. Der Bau ist sehr bewusst, im Zuge des Historismus, einer typischen romanischen Dorfkirche nachempfunden. Dieses schöne Bild und die sehr genaue Pfählung

durch den Turm macht den Reiz der Gegend im Umkreis eines guten Kilometers aus. Finden Sie das magische Rund vor der offenen Tür zur Aussegnungshalle: vier Bänke um eine heilende Linde.

Als ich einmal dort saß, dachte ich: »Materielles Sterben ist erdig, erdgebunden. Es endet im Humus.« Humus und Humor sind ein Wort, sogar der jetzige Papst hat darauf hingewiesen.

So betrachtet ist irdisches Sterben sogar humorig. Und wenn Sie auf dem Friedhofsrundgang ein Grabengerl anlacht, dann wissen Sie jetzt, warum!

Angst vor dem Sterben? Sie wird genährt von der uns umgebenden Angstindustrie und der Tabuisierung des Themas. Gerade der Pasinger Friedhof mit der hochaktiven Energie keltischer Hügelgräber und damit der Urkraft des alten Ahnenwissens kann uns helfen, den Tod anders zu sehen. Tod bedeutet Leben.

Begraben Sie die Angst. Fangen Sie in kleinen Dingen an, vielleicht damit, weniger Zeitung zu lesen und sich nicht beständig mit Negativmeldungen zu füttern. Versuchen Sie, immer mehr zu sein. Die Wunder des Lebens zu sehen.

Nach und nach, es kann Jahre dauern, schwindet die Angst. Dann beginnen Sie, das Thema Tod anders zu sehen. Mit warmem, erdigem Humor erwachsen andere Sichtweisen. Tod ist Leben. Beerdigen Sie Ihre Ängste und lassen aus dem Humus Zuversicht wachsen …

16
Gabelsbergerstraße
Arcisstraße
Türkenstraße
Ludwigstraße
14
Brienner
Straße
Oskar- von- Miller-
Ring
Ludwigstr.
Vo
19
18
17
straße
Straße
straße
Brienner Straße
Meiser-
Karlstr.
Maximiliansplatz
Hofgarten-
Barer
Otto-
15
8
5
4
Theatinerstraße
Residenzstr.
13
23
Neuhauser Str.
8
9
Sonnenstr.
Weinstr.
Dienerstr.
Kaufingerstr.
1
2
20
21
Rosenstr.
Tal
Sonnenstraße
Straße
linger
Oberanger
Send-
anger
Frauen-
Ober-
Blumen-
straße
Reichenbachstr.
straße
Unterer Anger
Blumen-
Blumenstr.
straße
Klenze-